KB267662

성향기반
중학진로
로드맵

성향 기반 중학 진로 로드맵

초판 1쇄 발행 2026년 3월 20일

지은이 진승호 | 책임편집 도은주

펴낸이 윤주용
편집 도은주, 류정화 | 마케팅 조명구 | 홍보 박미나

펴낸곳 초록비책공방
출판등록 2013년 4월 25일 제2013-000130
주소 서울시 마포구 동교로27길 53 308호
전화 0505-566-5522 | 팩스 02-6008-1777

메일 greenrainbooks@naver.com
인스타 @greenrainbooks @greenrain_1318
블로그 http://blog.naver.com/greenrainbooks

ISBN 979-11-24126-20-2 (43370)

어려운 것은 쉽게 쉬운 것은 깊게 깊은 것은 유쾌하게
초록비책공방은 여러분의 소중한 의견을 기다리고 있습니다.
원고 투고, 오탈자 제보, 제휴 제안은 greenrainbooks@naver.com으로 보내주세요.

성향 기반 중학 진로 로드맵

"사랑하면 알게 되고 알게 되면 보이나니 이때 보이는 것은 이전과 같지 않으리라."

3년 전 큰아이의 초등학교 졸업식에서 교장 선생님께서 축사로 하신 말씀이다. 모든 것을 사랑하려고 노력해야 하며, 그 노력의 시작은 바로 교과서를 정성스레 읽는 것부터라는 말씀을 덧붙이셨다. 졸업의 설렘으로 들떠 있는 아이들의 귀에는 들어오지 않았지만 유한양행 창업주 유일한 박사가 평생 좌우명으로 삼았던 이 말은 12년간 입시 컨설턴트로 살아온 나에게 깊은 울림을 주었다.

수많은 아이와 학부모를 만나며 깨달은 것은 '진정한 공부는 사랑에서 시작된다'라는 것이다. 자신이 하는 일과 배우는 것을 사랑하며 무엇보다 자기 자신을 사랑할 줄 아는 아이만이 '진짜 공부'를 할 수 있다.

하지만 지금 대한민국의 입시 현실은 어떤가? 아이들은 사랑 대신 의무로, 호기심 대신 강요로, 자발적으로가 아니라 압박으로 공부하고 있다. 그리고 그 결과는 참담하다. 겉으로는 열심히 하는 것 같지만 속으로는 공허함과 무기력감에 시달리는 아이들. 성적은 나오지 않고 꿈은 사라지고 자신감마저 잃어 가는 아이들을 너무 많이 봐 왔다.

더욱 심각한 것은 2028년부터 시행되는 대입 개편과 고교학점제로 인해 입시의 패러다임 자체가 완전히 바뀌고 있다는 사실이다. 과거에는 고등학교 3년 동안 열심히 공부해서 수능 점수만 잘 받으면 되는 시절도 있었다. 이제는 다르다. 중학교 때부터 자신의 진로를 명확히 설정하고, 그에 맞는 고등학교 선택 과목을 미리 계획해야 한다. 대학도 단순히 성적순으로 뽑는 것이 아니라 일관된 진로 스토리와 전공 적합성을 중시한다. 즉 중학교 시기의 진로 설정이 곧 대입의 성패를 좌우하는 시대가 온 것이다.

그런데 많은 학부모가 아직도 과거의 방식을 고집하고 있다.

"일단 공부나 열심히 해라."

"성적만 올리면 나중에 다 해결될 거야."

하지만 이런 접근법으로는 더 이상 성공할 수 없다. 입시 학원과 개인 컨설턴트를 하며 다양한 사례를 접할 수 있었다.

민중이는 중학교 1학년 때부터 학원을 전전하며 하루 12시간씩 공부했다. 부모님은 '일단 성적부터 올리고 나중에 진로를 생각하자'라는 방침을 갖고 있었다. 하지만 민중이는 고등학교에 진학한 후 심각한 문제에 부딪혔다. 고교학점제로 인해 2학년부터 선택 과목을 정해야 하는데 자신이 무엇을 좋아하는지, 무엇을 하고 싶은지 전혀 모르겠다는 것이었다. 결국 친구들이 선택하는 과목을 그대로 따라 했고 여전히 시간을 채우는 암기식 공부를 하고 있다. 민중이와 부모님은 공부량에 비해 만족스럽지 못한 성적으로 고민만 쌓여 가고 있다.

서연이는 중학교 2학년 때 환경 문제에 관심을 갖게 되었다. 처음에는 단순한 호기심이었지만 부모님이 그 관심을 지지해 주면서 점점 구체적인 꿈으로 발전했다. 중학교 3학년 때는 환경공학과 진학을 목표로 설정했고 이전보다 책상에 앉아 있는 시간을 늘려 갔다. 고등학교에서는 물리, 화학, 생명과학, 지구과학 등 관련 선택 과목을 체계적으로 이수할 계획을 세웠다. 동아리 활동도 화학과 환경 관련으로 일관되게 참여하면서 적극적으로 학교생활을 하고 있다. 목표 대학을 설정하고 그것을 이루기 위해 스트레스를 극복하며 즐겁게 공부하여 좋은 성과를 내고 있다.

민중이와 서연이의 차이는 무엇이었을까? 바로 '중학교 시기의 진로 설정'이었다. 최근 뇌과학 연구들은 이러한 현상을 명확히 설명해 준다. 아주대 심리학과 김경일 교수는 저서《적절한 좌절》에서 '내재적 동기로 움직이는 뇌와 외재적 동기로 움직이는 뇌는 완전히 다른 영역이 활성화된다'라고 설명했다. 명확한 목표와 진로 의식을 가진 아이들의 뇌에서는 도파민과 세로토닌이 분비되어 집중력과 기억력이 극대화되지만 강요에 의한 학습에서는 스트레스 호르몬이 분비되어 오히려 학습 효과를 떨어뜨린다는 것이다.

특히 중학교 시기는 뇌과학적으로 전전두엽이 급속히 발달하는 시기다. 이 시기에 자신만의 목표와 가치관을 설정한다면 평생에 걸쳐 자기주도적 사고와 행동 패턴이 형성된다. 반대로 이 시기를 그냥 넘기면 고등학교와 대학에서 주도성을 발휘하기 어려워진다.

왜 하필 중학교 시기일까? 여러 가지 이유가 있다.

첫째, 인지적 발달 측면이다. 중학교 시기는 피아제의 발달 단계에서 '형식적 조작기'에 해당한다. 이때부터 아이들은 추상적 사고가 가능해지고 미래에 대한 계획을 세울 수 있다. 즉 진로에 대해 진지하게 고민할 수 있는 인지적 능력이 갖춰지는 시기다.

둘째, 정체성 형성 측면이다. 에릭슨의 심리 사회적 발달 이론에 따르면 청소년기는 '정체성 vs 역할 혼란'의 시기다. 이때 자신이 누구인지, 무엇을 하고 싶은지에 대한 탐색이 활발해진다. 이 시기에 진로 탐색 경험을 충분히 하면 건강한 정체성이 형성된다.

셋째, 입시 제도 측면이다. 2025년부터 전면 시행된 고교학점제와 2028 대입 개편으로 중학교 때 설정한 진로가 고등학교 선택 과목과 대학 진학에 직접적인 영향을 미치게 되었다. 고등학교에서 진로를 정하기에는 이제 늦다.

넷째, 부모-자녀 관계 측면이다. 중학교 시기는 아직 부모의 영향력이 강하면서도 동시에 독립성을 추구하기 시작하는 때다. 부모가 적절한 지지와 격려를 제공하면서 아이의 자율성을 존중해 주면 효과적으로 진로 탐색을 할 수 있다.

그런데 이런 중요한 시기에 아이들의 진로 탐색을 가장 방해하는 것이 바로 부모의 '선의'인 경우가 많다.

"아직 어린데 무슨 진로야? 공부나 열심히 해라."

"진로는 나중에 생각하고 일단 성적부터 올려놔."

"네가 뭘 좋아하는지도 모르면서 벌써 진로를 정해?"

"요즘 애들은 꿈이 너무 자주 바뀌어. 그냥 안정적인 걸로 해라."

이런 말들로 시작되는 강요, 지적, 압박, 금지는 아이들의 자발적 진로 탐색을 사라지게 만든다. 부모는 아이를 위한다고 생각하지만 실제로는 아이가 스스로 목표를 설정하고 자발적으로 공부할 기회를 빼앗고 있는 것이다. 이는 '학습된 무력감'으로 이어진다. 지속적인 통제와 간섭은 아이들로 하여금 "내가 뭘 해도 소용없다", "어차피 부모가 다 정해 줄 거야"라는 무력감을 학습하게 만든다.

12년간 현장에서 만난 수많은 사례가 이를 증명한다. 부모의 관리와 감시가 강할수록 아이들은 점점 더 수동적으로 되고 자기주도성을 잃어간다. 그리고 그 결과는 고등학교에 가서, 대학에 가서, 사회에 나가서 더욱 극명하게 드러난다.

"사랑하면 알게 되고 알게 되면 보이나니 이때 보이는 것은 이전과 같지 않으리라."

이 말의 핵심은 '사랑'에서 시작한다는 것이다. 그렇다면 무엇을 사랑해야 할까? 바로 자기 자신이다. 자신이 누구인지, 어떤 것에 흥미를 느끼는지, 어떤 방식으로 배울 때 가장 효과적인지를 아는 것. 이것이 모든 학습의 출발점이고 진로 설정의 전제 조건이다.

하지만 현재 우리 교육 시스템은 이런 자아 발견의 과정을 충분히 허용하지 않는다. 중학교 1학년부터 고등학교 3학년까지 아이들은 끊임없이 '무엇을 해야 하는지'만 듣고 자란다. '왜 해야 하는지', '이것이 나에게 어떤 의미인지'에 대해 생각할 시간은 주어지지 않는다. 그런데 2028년부터는 이런 방식으로는 더 이상 성공할 수 없다. 대학들이 요구하는 것이 예전과는 달라졌기 때문이다.

UCLA의 발달심리학자 리드 라슨은 "자아 정체성이 형성되는 청소년기에 자율성을 경험하지 못한 아이들은 성인이 되어서도 주도적인 삶을 살기 어렵다"라고 경고했다. 중학교 시기의 진로 탐색과 자아 발견 경험이 평생의 자기주도성을 결정한다는 뜻이다.

나는 12년간 입시 컨설턴트로 살아오면서 단순히 '어떻게 하면 좋은 대학에 갈 수 있을까?'만 고민하지 않았다. 오히려 '어떻게 하면 이 아이가 행복하고 의미 있는 삶을 살 수 있을까?'를 더 많이 생각했다. 입시는 결국 삶의 한 과정일 뿐이다. 좋은 대학에 간다고 해서 자동으로 행복한 삶이 보장되는 것도 아니고 원하는 대학에 가지 못한다고 해서 인생이 끝나는 것도 아니다.

중요한 것은 어떤 상황에서든 자신의 길을 찾아갈 수 있는 능력이다. 스스로 목표를 설정하고 그 목표를 위해 노력하며 실패해도 다시 일어설 수 있는 회복탄력성. 이런 능력을 기른 아이들은 입시에서도 성공하고 인생에서도 성공한다. 이런 능력의 기초는 바로 중학교 시기에 형성된다. 이 시기에 자신만의 진로를 설정하고 그 목표를 향해 스스로 공부해 본 경험이 있는 아이들은 평생에 걸쳐 자기주도적으로 살아간다.

나에게는 두 딸이 있다. 큰딸은 중학교 2학년, 작은딸은 중학교 1학년이다. 입시 전문가로서는 그 누구보다 입시 시스템을 잘 알고 있지만 아빠로서는 늘 고민이 많다.

"내 전문 지식을 아이들에게 강요하는 것은 아닐까?"

"아이들이 스스로 선택할 기회를 빼앗는 것은 아닐까?"

"내 불안감을 아이들에게 전가하는 것은 아닐까?"

그래서 나는 의도적으로 '현명한 방관'을 선택했다. 아이들이 스스로 관심사를 찾고 스스로 진로를 탐색하고 스스로 목표를 설정할 수 있도록 기다려 주었다. 물론 쉽지 않았다. 때로는 답답하기도 했고 때로는 불안하기도 했다.

하지만 그 결과는 놀라웠다. 아직 성장하는 과정이지만 아이들은 사교육 없이 일과를 스스로 계획하고 실천하고 있다. 관심사에 대한 고민을 깊게 하고 부모와 대화를 통해 길을 찾아가고 있다. 독서와 학교 공부를 병행하면서도 웃음이 떠나질 않는다. 아이돌 덕질도 하고 넷플릭스 영화 및 시리즈에 열광하기도 하지만 무분별하게 시간을 버리지 않는다. 아이들이 보여 준 집중력과 몰입도 그리고 자기 주도성은 내가 강요했을 때와는 비교할 수 없을 정도로 높았다. 진로까지 명확해진다면 공부의 이유도 확실해지고 학습 효과도 극대화될 것이라고 확신한다.

대한민국의 입시 환경에 대한 회의감이 없다면 거짓말이다. 아이들을 줄 세우고, 경쟁시키고, 획일적인 기준으로 평가하는 시스템이 과연 옳은 것인지 의문이 들 때가 많다. 그 시스템을 당장 바꿀 수는 없지만 그 안에서 아이들이 자신의 진짜 모습을 잃지 않고 성장할 수 있도록 돕는 것은 가능하다고 생각한다.

2028년부터 시행되는 새로운 입시 제도는 기회가 될 수 있다. 단순 암기와 문제 풀이보다는 진로에 대한 진지한 고민과 자기주도적 학습 경험을 더 중요하게 여기기 때문이다.

이 책은 성적을 위한 의무적 공부가 아니라 진로 목표를 위한 자발적 공부, 부모의 강요가 아니라 아이 스스로 선택하는 진로, 입시만을 위한 전략이 아니라 삶을 위한 태도 그리고 무엇보다 중학교 시기의 진로 설정이 어떻게 입시 성공으로 이어지는지, 이런 것들을 어떻게 실현할 수 있는지 12년간의 현장 경험과 두 딸을 키우며 얻은 깨달음을 담았다.

"사랑하면 알게 되고 알게 되면 보이나니 이때 보이는 것은 이전과 같지 않으리라."

이 책을 읽는 모든 학부모님이 이 말의 진정한 의미를 깨달았으면 좋겠다. 아이를 사랑한다면 아이를 알려고 노력해야 한다. 아이의 성향, 관심사, 꿈 그리고 아이의 속마음을 알려고 해야 한다. 진정으로 알게 되었을 때 비로소 아이의 진짜 모습이 보일 것이다. 그때 보이는 아이의 모습은 지금까지 보던 것과는 완전히 다를 것이다. 성적표에 적힌 숫자가 아니라 반짝이는 눈빛으로 자신의 꿈을 이야기하는 아이, 부모의 기대에 맞추려고 애쓰는 아이가 아니라 자신만의 진로를 향해 당당히 걸어가는 아이, 남들과 비교당하는 아이가 아니라 자신만의 고유한 가치를 아는 아이. 이런 아이들이 바로 중학교 때 진로를 설정하고 그 목표를 향해 스스로 공부하며 결국 입시에서도 성공한다. 그리고 이런 아이들은 입시뿐 아니라 인생에서도 성공한다.

이제는 중학교 시기의 진로가 대입을 좌우하는 시대다. 더 이상 미룰 수 없다. 지금 이 순간 우리 아이들의 진로 탐색을 시작해야 한다. 이 책이 그런 아이들을 키우는 부모님께 작은 도움이 되기를 바란다. 그리고 무엇보다 이 책을 읽는 모든 부모님이 자녀와 함께 진로를 탐색하고 함께 성장하는 기쁨을 경험하기를 진심으로 소망한다.

차 례

프롤로그 진심으로 공부하는 아이들을 위하여 • 4

1장 중학교 때 진로가 판을 바꾼다

점수만으로 승부하는 시대는 끝났다 • 16

2028 대입 개편 핵심 • 22

성적만으로 합격? • 29

믿었던 고득점의 배신 • 37

고입의 자기주도학습전형과 대입의 학종 • 45

부모의 진로 관심도 셀프 체크리스트 • 52

2장 부모와 아이, 성향부터 알아야 길이 보인다

2분 만에 부모와 자녀 성향 파악하기 • 56

성향별로 파악하는 우리 아이의 현재 • 66

진화하는 아이 미래를 위해 지켜야 할 것 • 73

다름을 인정하면 오름을 맞이한다 • 82

아이의 현재를 파악하는 자가 진단 테스트 • 89

3장 중학생, 지금이 진로를 찾을 때다

성향별 딱 맞는 진로와 직업 • 92

영화 한 편, 진로를 여는 시작점 • 98

사례 중심 진로 탐색법 • 103

성향별 수업 환경과 스트레스 관리법 • 108

나만의 기록 만들기 • 116

교과서로 시작하는 주제 탐구 • 123

진로 탐색의 끝판왕, 독서 • 127

유튜브 시청도 독서 효과로 전환? 쌉가능! • 133

입시 컨설턴트 자녀의 독서 습관 따라하기 • 143

성향별 추천 진로와 직업군 • 151

4장 진로 기반 입시 설계, 이렇게 하라

목표 대학과 전공 설계 방법 •154

무전공학과의 함정 •161

진로 연계 과목 선택 전략 •168

백지노트를 활용하여 당일 복습하기 •181

교과서 3리딩법으로 자기주도 예습하기 •189

10회독 루틴으로 시험 기간 반복 학습하기 •197

교과 연계 탐구 주제로 학생부 관리하기 •206

자기주도력은 단숨에 얻어지는 선물이 아니다 •213

모르면 실패하는 성공 입시 전략 순서 •220

성공 입시 전략 점검표 •230

5장 진정한 입시 전략은 삶을 위한 전략이어야 한다

길을 잃고 비로소 보이는 것들 •234

주도적인 아이를 만드는 슬기로운 부모 생활 •241

입시 컨설턴트 아빠의 현명한 방관 •247

우리 아이를 읽어 주는 부모로 살아가기 •254

열혈 엄마 체크리스트 •258

에필로그 하기실음 관두등가(河己失音 官頭登可) •260

중학교 때 진로가
판을 바꾼다

점수만으로 승부하는 시대는 끝났다

"정시는 성적으로 가는 것이고, 수시는 학교생활기록부(이하 학생부)로 가는 것 아닌가요?"

많은 학부모와 학생이 여전히 이렇게 생각하고 있다. 하지만 현실은 다르다. 특히, 서울대를 비롯한 상위권 대학들이 정시 전형에서도 학생부를 반영하기 시작하면서 '점수로만 가는 정시'라는 공식은 사실상 깨지고 있다. 2022년 이후 입시 현장에서 목격한 변화는 단순한 제도 개선이 아니라 입시 패러다임의 근본적 전환이다. 점수만으로 입시를 통과하던 시대는 끝났고 이제는 진로와 학생부가 입시의 당락을 가른다.

서울대는 2023학년도 정시부터 교과평가를 본격적으로 반영하기 시작했다. 일반전형은 1단계에서 수능 점수만으로 모집 인원의 2배수를 선발하고, 2단계에서 수능 80% + 교과평가 20%로 최종 합격자를 선발한다. 지역균형전형은 수능 60% + 교과평가 40%를 일괄 합산하여 선발한다. 교과평가는 학생부의 교과학습발달상황에 기재된 교과성취도, 교과 학업 수행, 과목 이수 내용 등을 토대로 평가한다.

이 변화는 단순한 평가 방식의 변화가 아니다. '수능 고득점자 중에서도 학생부를 통해 검증된 인재를 선발하겠다'라는 의지를 보인 것이다. 이것이 바로 서울대가 말하는 학생부를 통한 검증의 실체다. 단순히 점수가 높다고 해서 끝이 아니라 그 점수를 만들어 가는 과정에서의 태도와 역량을 함께 본다는 것이다.

변화의 배경, 세 가지 핵심 이유

첫째, 고교 교육 정상화 및 고교학점제 대응을 위해서다. 수능 점수만으로 학생을 선발할 경우 고교 교육 현장은 '수능 학원'으로 전락하게 된다. 실제로 일부 고등학교에서는 내신 관리보다 수능 대비에만 집중하는 풍토가 만연했다.

서울대는 '학교 내 수업 참여도, 성실한 학교생활, 교과별 세부 능력 및 특기사항(이하 세특) 등을 중요하게 평가하겠다'라는 입장을 밝히며 고교 교육의 정상화를 위한 책임을 다하겠다는 메시지를 내놓았다. 특히 2025년부터 시행되는 고교학점제를 고려할 때 학생들이 자신의 진로에 맞는 과목을 선택하고 깊이 있게 학습하는 과정 자체가 중요해진다. 서울대는 이러한 변화를 선제적으로 반영한 것이다.

둘째, 대입 공정성 강화와 학생부 신뢰 회복을 위해서이다. 학생부종합전형(이하 학종)이 '깜깜이 전형'이라는 비판을 받으며 학생부가 불신받는 상황에서도 서울대는 학생부가 여전히 학생의 학교생활과 학업 역량을 보여 주는 중요한 자료라고 강조해 왔다. 정시에서도 이를 활용함으로써 공정성과 투명성을 강화하려는 것이다.

'학생부는 거짓말을 하지 않는다'라는 것이 서울대 입학처의 일관된 입장이다. 3년간의 학교생활 기록은 조작하기 어렵고 학생의 성장 과정과 잠재력을 가장 잘 보여 주는 자료라는 것이다. 정시에서도 이를 활용함으로써 '진짜 실력자'를 가려내겠다는 의지를 보인 것이다.

셋째, 2028 대입 개편과 더불어 학생부 활용을 확대하려는 대학들의 움직임에 발맞추기 위해서다. 2025년 고교학점제 전면 시행 이후 2028학년도 대입부터는 수능과 함께 학생부, 교과 이수 등을 종합적으로 평가하는 방향으로 입시가 개편될 예정이다.

교육부는 이미 2028 대입 개편 방향을 통해 '고교학점제 취지에 맞는 학생 맞춤형 교육과정 운영을 지원하고, 대학은 학생의 과목 선택권 확대에 따른 다양한 교육과정 이수 현황을 종합적으로 평가한다'라고 발표했다. 서울대는 이러한 변화의 선두 주자 역할을 하는 것이다.

서울대만의 변화가 아니다. 성균관대, 한양대, 중앙대 등 주요 대학들도 정시에서 학생부 활용 방안을 적극 검토하고 있다. 특히 의대, 치대, 한의대 등 최상위권 학과들은 이미 면접과 학생부 평가를 통해 점수 외적 요소를 중요하게 보고 있다. 단순히 수능 점수가 높다고 해서 의사가 될 자질을 갖추었다고 볼 수 없다는 판단에서다.

학부모가 놓치고 있는 현실

많은 학부모가 여전히 "우리 아이는 정시로 갈 거니까 내신은 신경 쓰지 않아도 돼"라고 생각한다. 하지만 이는 잘못된 판단이다. 정시에서도 학생부가 반영되는 상황에서 내신 관리를 소홀히 하는 것은 입시 전략상 치명적 실수가 될 수 있다.

더 중요한 것은 학생부에 기록되는 세특의 질이다. 단순히 성적만 좋다고 해서 좋은 세특이 나오는 것이 아니다. 수업 시간에 적극적으로 참여하고 깊이 있는 질문을 하며 창의적인 사고를 보여 주어야 교사들이 의미 있는 세특을 작성해 준다.

실제로 서울대 합격생들의 학생부를 분석해 보면 단순히 '성실함'이나 '우수함' 같은 뻔한 표현이 아니라 구체적인 탐구 과정과 사고의 깊이를 보여 주는 기록이 가득하다. '미적분 단원에서 실생활 적용 사례를 찾아 발표하며 수학적 사고력의 확장을 보여 줌', '화학 실험에서 예상과 다른 결과가 나왔을 때 원인을 끝까지 탐구하는 모습을 보임' 같은 구체적인 기록이다.

더 이상 점수만으로 경쟁하는 시대가 아니다. 서울대 정시 학생부 반영은 고교 교육 정상화 및 학종 기반 입시 기조 연장의 맥락이다. 중학교 시기부터 진로를 탐색하고 이를 기반으로 고등학교에서의 교과 및 비교과 활동, 세특 기록, 독서 활동을 꾸준히 관리해야 한다. 고입 단계에서도 자기주도학습전형(자소서, 면접)이 필수인데 이 과정이 자연스럽게 대입 학종 및 정시 학생부 평가 준비가 된다.

입시는 결국 방향이 있어야 하고 점수는 그 방향을 향해 가는 동력일 뿐이다. 서울대가 정시에서 학생부를 반영하기 시작한 것은 학부모와 학생에게 중요한 시그널이다. 따라서 성적이 되니까 가능할 것이라는 막연한 기대를 버려야 한다. 중학교 때부터 진로를 고민하고 이를 기반으로 성장의 궤적을 기록해 나가는 것, 그것이 진짜 입시 준비의 시작이다.

서울대는 2025년 9월 29일, 2028학년도 입학 전형 주요 사항을 발표했다. 핵심은 단순히 점수만으로 학생을 선발하지 않겠다는 것이다. 정시모집에서 '수능 100%'만으로 뽑던 방식 대신 2단계에서 교과 역량 평가를 도입하고 의과대학과 수의과대학은 여기에 적성 및 인성 면접까지 반영한다. 이는 곧 수능 고득점만으로는 합격을 담보할 수 없으며 교과 이해도와 학업 태도, 문제해결능력까지 드러내야 한다는 의미다.

또한 수시모집 학종에서는 지역균형전형 선발 인원 확대와 함께 특목고·자사고·영재학교 지원 제한이 새롭게 적용된다. 서울대는 학교 교육을 충실히 이수한 일반고 학생을 우대하겠다는 방향을 분명히 드러낸 것이다.

하지만 여기서 놓쳐서는 안 될 현실이 있다. 일반전형에서는 여전히 특목고, 특히 영재학교·과학고 출신의 비중이 높다는 점이다. 이미 지난 수년간의 통계가 보여 주듯 서울대 합격자의 상당수는 영재학교와 과학고 출신이었다. 지역균형이라는 작은 문이 넓어졌다고 해도 전체 구조에서 특목고와 일반고 사이의 격차는 쉽게 좁혀지지 않는다.

결국 학부모가 마주하게 되는 질문은 하나다.

"만약 우리 아이가 일반고를 간다면 그 작은 기회를 어떻게 준비해야 할까? 또 특목고 출신과 경쟁하는 일반전형을 노린다면 점수 이상의 무엇을 증명해야 할까?"

이 책은 바로 이 질문에 대한 답을 찾아가는 여정이다. 점수만으로는 설명되지 않는 아이의 진짜 힘, 과정의 기록과 탐구의 흔적이 대학이 원하는 '인재의 모습'을 어떻게 보여 줄 수 있는지 구체적으로 살펴볼 것이다.

2028 대입 개편 핵심

'수능만 잘 보면 대학 간다'라는 말은 이제 옛말이 되었다. 2028학년도 입시는 고교학점제가 전면 시행된 세대가 치르는 첫 입시이며 현재 대학들은 이를 어떻게 반영할지에 대한 고민을 구체화하고 있다.

서울대, 고려대, 연세대, 이화여대 등 주요 대학들이 진행한 대입 전형 개편 공동연구 및 발표 자료에 따르면 2028학년도 이후 입시에서는 '진로'가 모든 것의 출발점이 된다는 것이다. 고교학점제 기반 입시에서는 진로에 따라 과목 선택, 탐구 활동, 활동 기록이 달라지며 이것이 그대로 학생부에 반영된다. 대학은 이러한 데이터를 기반으로 학생이 왜 이 전공을 선택했는지, 해당 전공에 적합한 학업 역량을 갖추었는지, 이를 위해 어떤 노력을 했는지를 평가한다.

고교학점제 전면 시행, 대학도 바뀔 수밖에 없다

2025년부터 고교학점제가 전면 시행되면서 학생은 자신의 진로와 흥미에 따라 과목을 선택해 이수한다. 기존의 학년별, 학급별 일괄 이수 체제가 개별 교육과정 체제로 전환되며 개인 맞춤형 수업이 표준이 된다. 대학들은 학생 개개인의 다양한 과목 이수 패턴과 수준별 수강 현황을 입시에 반영할 수밖에 없게 되었다. '모든 학생이 동일한 교과를 동일하게 배웠다는 전제'에서 시행되던 기존 입시는 유지할 수 없게 된 것이다.

서울대, 연세대, 고려대 등은 공동연구를 통해 고교학점제 하의 학생부를 정성평가 중심으로 활용하고 수능과 연계된 종합평가 체제로 가겠다고 발표했다. 즉 수능은 중요하되 학생부 기반 종합평가가 결합되는 방향으로 가며 진로에 따른 과목 선택과 탐구 활동이 평가의 핵심이 된다.

학생부, 다시 중심에 서다

코로나19와 입시 공정성 논란으로 학생부가 불신의 대상이 되기도 했지만 대학들은 학생부가 학생의 성장과 진로를 가장 잘 보여주는 자료라는 점을 재차 강조한다. 2028학년도 입시에서 학생부는 다음과 같은 기준으로 활용될 가능성이 크다.

● 이수 과목과 이수 수준

전공 관련 과목을 이수했는가? 수준별 심화 과정을 수강했는가? 공학 계열 지원자가 물리Ⅰ만 이수하고 물리Ⅱ를 이수하지 않았다면 전공 적합성에서 불리할 수밖에 없다.

● 세부능력 및 특기사항(세특)

해당 과목 내에서의 탐구 주제, 질문 수준, 주도성을 평가한다. 단순히 성적이 좋다는 기록이 아니라 어떤 과정을 통해 그 성적을 얻었는지, 어떤 사고력을 보여 주었는지가 중요하다.

● 탐구·융합 활동

창의적 체험 활동, 동아리 활동, 주제 탐구보고서, 독서 활동 기록 등이 진로와 연계되어 있는지를 살핀다. 의대 지원자가 봉사 활동만 열심히 했다면 진부하다. 의학 관련 독서, 생명과학 탐구, 의료진과의 만남 등 구체적이고 깊이 있는 활동이 필요하다.

● 성실성·주도성

학업 태도, 협업 능력, 꾸준함 등 학업 외적 태도도 중요하다. 특히 고교학점제에서는 자기주도적 학습 능력이 더욱 중요해지기 때문이다.

이제 학생부는 단순한 기록지가 아니라 진로 기반 과목 선택과 탐구 과정이 녹아 있는 '성장 보고서'가 되어야 하며 대학은 이를 통해 학생의 학업 역량과 전공 적합성, 성장 가능성을 평가한다.

수능의 역할은 어떻게 달라지는가

대학들은 수능의 중요성을 부정하지 않는다. 다만, 수능은 기초 학업 역량을 검증하는 도구로써 사용되며, 이를 넘어 학생의 전공 적합성과 학업 태도, 탐구력 등은 학생부 및 심층 면접, 서류 평가에서 종합적으로 평가한다는 것이다.

2028학년도 입시는 수능 100% 선발 비중이 줄고 학종과 정시에서 학생부 반영이 확대될 가능성이 크다. 서울대는 이미 정시에서도 학생부와 서류 평가, 면접을 결합해 평가하고 있으며 다른 주요 대학들도 이를 확대하는 방안을 논의 중이다. 이는 단순히 수능 점수만으로는 학생의 역량을 제대로 평가하기 어렵다는 대학의 판단 때문이다.

왜 진로가 핵심이 되는가

고교학점제 기반 입시에서는 진로에 따라 과목 선택, 탐구 활동, 활동 기록이 달라지며 이것이 그대로 학생부에 반영된다. 대학은 이러한 데이터를 기반으로 학생이 왜 이 전공을 선택했는지, 해당 전공에 적합한 학업 역량을 갖추었는지 그리고 이를 위해 어떤 노력을 했는지를 평가한다.

중학교 시기부터 '관심사 기반 진로 탐색 → 독서·탐구 기반 탐색 심화 → 고등학교 과목 선택 및 탐구 확장'으로 이어지는 연속적 진로 설계가 필요하다.

　중학교 2학년 때 환경 문제에 관심을 갖게 된 학생이 있다. 이 학생은 환경 관련 도서를 읽고 환경 보호 동아리에 참가하며 지역 환경 문제에 대한 탐구보고서를 작성했다. 고등학교에 진학해서는 지구과학, 생명과학, 화학 등을 심화 수준까지 이수하고 환경공학과 진학을 목표로 관련 탐구 활동을 지속했다. 이처럼 준비된 학생과 고3이 되어서야 "성적에 맞춰서 환경공학과에 지원해 볼까?"라고 생각하는 학생 중 누가 더 경쟁력이 있을까? 답은 자명하다.

부모가 지금부터 해야 할 것

　진로는 중학교 때부터 고민해야 한다. 중학교 시기의 관심사와 흥미 탐색이 고등학교 과목 선택으로 연결되며 입시에 활용될 학생부의 기초가 되기 때문이다. 아이의 성향과 강점을 파악하고 적합한 진로 및 전공 후보군을 함께 찾아야 한다. 이를 기반으로 관련 도서, 강연, 체험, 탐구보고서 작성 등을 통해 탐구의 폭을 넓혀야 한다.

　수능 고득점을 위해 사교육에만 몰입하는 패턴에서 벗어나야 한다. 수능은 필요조건일 뿐 충분조건은 아니다. 아이의 입시를 '진로 기반 성장 여정'으로 재설계해야 한다.

　특히 학교 수업에 적극적으로 참여하도록 지도해야 한다. 좋은 세특은 단순히 성적이 좋다고 나오는 것이 아니라 수업 시간에 적극적으로 참여하고 깊이 있는 사고를 보여 줄 때 나온다.

독서와 탐구 활동을 생활화해야 한다. 진로와 관련된 독서는 물론 다양한 분야의 책을 읽고 자신만의 생각을 정리하는 습관을 길러야 한다.

2028학년도 대입은 '과정의 증거'를 더 치밀하게 살핀다. 수능과 내신이라는 숫자만으로는 부족하다. 고교학점제 전면 도입과 함께 과목 선택의 맥락, 세특과 탐구의 일관성, 지원 전공과의 연결성에 설득력이 있는가가 관건이다.

● 과목 선택 = 초기 전공 선언

고1·2의 과목 선택은 대학이 보는 '진로의 좌표'다. 왜 그 과목을 택했는지, 무엇을 탐구했고 무엇을 남겼는지 기록이 필수다. 선택은 성적보다 방향을 증명한다.

● 세특·탐구 = 전공 적합성의 언어

세특 문장은 활동 나열이 아니라 '문제 인식 → 탐색 → 적용/확장'의 과정이어야 한다. 교과 개념을 현실 이슈·진로 주제와 연결하는 문장이 전공 적합성을 만든다.

● 정시에서도 학생부는 '보정 렌즈'

수능 점수와 무관하게 학생부는 그 점수를 만든 사람의 신뢰도를 보정한다. '누구인지'를 설명하지 못하면 점수는 입장권에 그친다.

● **입시는 취향이 아니라 설계**

남들 다 하는 사교육보다 아이의 성향·흥미·목표 전공에 맞춘 맞춤 설계가 결과를 바꾼다. 중학생 때부터 전공의 지형을 탐색하고 고교 과목과 연결하는 연습이 필요하다.

부모가 오늘부터 할 일은 단순하다. 과목 선택의 이유와 탐구의 질문을 아이 스스로 적게 하고 그 기록을 누적하는 것이다. 숫자보다 설계가 합격을 만든다.

2028학년도 이후 입시는 더 이상 점수로만 선발하는 시대가 아니다. 부모는 중학교 시기부터 아이의 진로 탐색과 자기주도학습, 탐구 기반 성장 과정을 함께 설계하며 아이가 방향을 잃지 않도록 도와주어야 한다. 진로가 곧 방향이다. 2028학년도 이후 입시는 이를 증명하게 될 것이다.

성적만으로 합격?

중2에 정한 수리과학자의 꿈, 선행 없이 과학고 합격

"얘는 선행이 하나도 안 되어 있는데 그게 가능해요?"

중학교 2학년 수민이의 과학고 진학 상담 때 어머니가 한 첫마디였다. 결론부터 말하면 결과는 합격이었다.

수민이는 집 근처 보습학원만 다니며 학교 공부를 보충하고 있었다. 성적은 곧잘 나왔고 수학과 과학을 좋아했다. 특목고 진학을 고민하며 찾아왔지만 부모님의 가장 큰 걱정은 수민이가 선행을 한 번도 하지 않았다는 것이었다.

성향 진단 결과 수민이는 주도성과 리더십이 돋보이는 아이였다. 수학과 과학을 좋아하는 이유가 명확했다. '시간이 걸려도 집중해서 풀어냈을 때의 뿌듯함'이었다. 학교생활을 적극적으로 하고 있었지만 독서 시간은 거의 없었고 진로에 대한 깊은 고민도 없었다.

"나중에 어떤 일을 하면 행복하겠어?"

"수학자요. 근데 돈을 많이 벌 수 있는지 모르겠고… 먹고살기 힘들다고 하니까…."

"수학자가 되고 싶다고 생각한 계기가 있어?"

"수학자들의 증명 과정이 재미있어요. 이해 안 돼도 신기하고."

이 대화를 계기로 수민이는 수학·과학 분야 독서를 시작했고 탐구보고서 작성에도 도전했다. 그 과정에서 수학과 과학의 연계점을 발견한 수민이는 '수리과학자'라는 구체적인 꿈을 갖게 되었다. 수민이는 카이스트 수리과학과를 목표로 정하고 과학고 진학을 결심했다.

수민이의 자소서는 생각보다 수월하게 작성되었다. 진로에 대한 진심과 탐구 경험이 있었기 때문이다. 면접에서도 자신의 관심사를 자연스럽게 표현할 수 있었다. 선행보다 '교과서-탐구-기록'이라는 정교한 기본기가 합격을 만들었다.

입학 후 치른 첫 시험에서는 실망스러운 결과를 받았지만 수민이는 "다음 시험을 기대하세요"라며 오히려 부모님을 안심시켰다. 1학년 2학기부터 수민이의 성적은 상승했고 2학년 때는 수학과 물리에서 전교 1등을 했다.

얼마 전 수민이가 카이스트에 합격했다는 소식을 받았다. 수민이의 사례는 진로를 구체화하고 진학 목표를 명확히 갖고 있는 도전적인 아이가 속도를 내는 건 시간문제임을 증명한 셈이다.

중학교 내내 최상위권을 유지하던 혜지는 예고에 가고 싶다고 했다. 부모로서는 당연히 고민스러울 것이다. 하지만 혜지를 만나고는 오히려 생각을 바꾸도록 설득하고 싶었다. '진짜 공부'를 하고 있는 아이였기 때문이었다.

"저는 디자인을 전공하고 싶어요. 그러면 미대를 가야 하지 않나요? 그런데 부모님은 외고에 가라고 하세요."

혜지와 상담하며 놀란 점이 있었다. 혜지는 교과서 읽는 것을 좋아했다.

"어릴 때 책에서 읽은 내용을 교과서에서 발견했을 때 신기했고 시험도 교과서에서 나오니까요."

혜지의 성적 유지 원동력은 '100점을 맞으면 기분이 좋고 유지하고 싶은 마음'이었다. 혜지는 승부욕과 자기주도성이 함께 있는 아이였다.

"디자인으로 구체적으로 뭘 하고 싶어?"

"그림 그리는 것도 좋고, 광고나 브랜드 로고에 눈길이 가요."

"성향상 정치, 경영 분야도 관심 두면 재미있어 할 것 같은데?"

"어떻게 아셨어요? 경영 쪽은 진짜 관심 많아요. 책 읽는 것도 좋아하고요."

디자인을 전공하고 브랜드 마케터로 성공한 CEO의 사례를 보여주며 혜지와 대화를 이어갔다. 경영학이 마케팅, 심리학, 회계, 재무 등 다양한 분야를 배우는 학문이라는 점, 그 안에서 디자인을 도구로 활용할 수 있다는 점을 설명했다. 결국 혜지는 경영학을 전공하되 디자인 역량을 함께 키워 '브랜드 마케터'가 되기로 했다. 그렇다면 외고가 더 나은 선택이었다. 언어 능력과 글로벌 감각은 브랜드 마케팅에서 큰 자산이 되기 때문이다.

자소서에는 교과서와 독서를 병행하는 자기주도학습 경험, 디자인과 경영에 대한 관심사, 브랜드 마케터라는 구체적인 진로가 담겼다. 면접 준비도 수월했다. 책을 읽는 아이는 오픈 질문에도 대응 능력이 뛰어나다. 포장과 거짓이 없기 때문이다.

외고 합격 후 혜지는 경영학과 진학을 목표로 일관된 활동을 이어가고 있다.

진로, 입시 관련 강의 준비를 하면서 다양한 자료를 수집한다. 설문 조사 기반의 통계 자료상 부모가 원하는 자녀 진로 희망과 학생 본인의 진로 희망이 서로 다름을 종종 확인할 수 있다. 그러나 실제로 그 생각을 아이에게 강요해서는 안 된다. 강요당한 공부는 절대 오래가지 못한다.

수민이와 혜지가 강요에 의해 특목고에 진학했다고 가정해 보자. 첫 시험에서 기대했던 성적을 받지 못했다면 1학기도 버티지 못하고 일반고로 전학을 고민하거나 자퇴했을 수 있다. 실제로 그러한 사례들도 적지 않다. 성적이 우수하다고 해서 무조건 특목고를 보낼 것이 아니라 그 성적을 만들어 낸 과정이 아이의 진심 어린 노력의 산물인지를 먼저 살펴보아야 할 것이다.

무엇보다 해당 특목고를 통해 아이가 무엇을 하고 싶어 하는지, 그 아이의 진로에 관한 생각이 정립되었는지가 가장 중요하다. 그래야 경쟁에서 힘든 상황에 부딪히더라도 버티는 힘이 생긴다.

인서울 대학 수시 4관왕

"실어증을 겪은 적이 있었다고?"

고3 수시 컨설팅에서 만난 정현이의 고백에 놀라지 않을 수 없었다. 낮은 성적 탓에 의대를 포기한 평범한 학생이라고 생각했지만 정현이의 학생부를 보는 순간 생각이 바뀌었다. 정현이의 학생부는 훌륭했다. 학생부가 30페이지를 넘었고 그중 독서 활동만 5페이지였다. 독서량보다도 읽은 책의 수준과 맥락이 탐구 역량을 드러내기에 충분했다.

더 놀라운 것은 '독서-교과학습-탐구활동'이 연결되어 있다는 점이었다. 생명과학 시간에 '효소의 특이성'을 배우고 관련 도서를 읽은 후 직접 카탈라아제 실험을 설계해 온도와 pH에 따른 효소 활성 변화를 관찰한 기록이 세특에 남아 있을 만큼 정현이는 궁금한 것을 스스로 찾아 탐구하는 진정한 학습자였다.

정현이는 암기 위주의 내신 경쟁에는 약했지만 교과서 개념을 공부할 때 어려운 부분이 있으면 관련 책을 찾아 정독하며 배경지식을 이해해야 다음 진도를 나갈 수 있는 아이였다. 시험 범위를 빠르게 훑으며 문제 유형을 익히는 다른 아이들과는 완전히 다른 학습 방식이었다.

의사라는 꿈을 이루기에는 성적이 뒷받침해 주지 않아 좌절했지만 고1 예비 담임 선생님의 격려로 '누군가에게 희망이 될 수 있는 일'이라는 새로운 진로를 찾았다. 모두가 꺼리는 교내 텃밭 동아리를 맡아 소위 문제아로 취급받던 친구들과 농작물을 수확하고, 토양의 pH와 영양소를 분석해 작물별 최적 재배 조건을 연구했다. 화학, 생명과학, 지구과학 시간에 배운 토양 형성 과정이 모두 연결된 탐구 활동이었다.

정현이는 여러 탐구 결과물을 내면서 심각한 지구 오염을 극복하여 인류에게 희망과 행복을 줄 수 있는 '융합화학연구원'이라는 꿈을 갖게 되었다고 했다.

정현이의 진심 어린 스토리를 자소서에 담아 서울권 대학 지원을 권유했다. 정현이와 어머니는 반신반의했고, 담임 선생님도 "네 성적으로 인서울은 어림도 없다"며 지역 사립대 위주로 원서를 넣자고 제안했다.

그러나 나는 정현이의 잠재력을 믿었다. 학종은 성적만으로 평가하는 것이 아니라 학생의 성장 과정, 탐구 역량, 전공 적합성, 인성을 종합적으로 평가하기 때문이다.

워낙 신중한 성격 탓에 첫 모의 면접에서 아무 말도 못 하고 눈물만 흘리던 정현이는 세 번째 모의 면접부터 입을 떼기 시작했다. 암기한 내용이 아니라 그동안의 자신이 경험하고 탐구한 내용과 진로에 대한 진심을 이야기하기 시작했다.

"화학 시간에 촉매에 대해 배울 때 왜 촉매가 반응 속도를 높이는지 궁금해서 관련 논문을 찾아 읽었습니다. 그 과정에서 효소도 생체 내 촉매 역할을 한다는 것을 알게 되었고 이를 응용해 환경 오염 물질을 분해하는 연구에 관심을 갖게 되었습니다."

실패 경험에 대한 답변도 인상적이었다.

"토양 실험을 할 때 처음에는 예상과 다른 결과가 나와 당황했습니다. 하지만 실험 조건을 다시 점검하고 선생님과 상의해 변인을 하나씩 통제해 가며 재실험했습니다. 그 과정에서 과학 연구에서 실패는 새로운 발견의 시작이라는 것을 깨달았습니다."

결과는 성적만으로는 불가능했을 대학 4곳에서 합격 결과를 받았다. 대학 선택 이유도 멋졌다. 면접 과정에서 본인에 대해 진심으로 궁금해하고 잘 이끌어 주신 교수님과 공부하고 싶다는 이유였다.

다음 해 스승의 날, 정현이는 학교 홍보도우미가 되었다는 소식과 함께 행복한 얼굴로 나를 찾아왔다. 그리고 실어증을 겪은 후 긴장하면 말이 안 나왔는데 믿고 기다려 준 덕분에 면접 준비를 잘해 대학에 합격할 수 있었다며 감사의 인사를 전했다.

"선생님, 대학에서 정말 하고 싶었던 공부를 마음껏 하고 있어요. 고등학교 때 궁금했던 것들을 더 깊이 탐구할 수 있어서 너무 행복해요. 제가 받은 도움을 후배들에게도 전해 주고 싶어서 홍보도우미를 하게 되었어요."

정현이의 사례는 현재 입시 제도의 본질을 보여 준다. 학종은 단순히 성적이 좋은 학생을 선발하는 것이 아니라 학문에 대한 열정과 탐구 정신을 가진 학생을 찾는 것이다. 성적은 중요하지만 그것이 전부는 아니다. 학생의 성장 과정, 탐구 역량, 전공에 대한 이해와 열정이 더 중요할 수 있다.

현재 정현이는 대학원 진학을 준비하며 환경화학 연구에 매진하고 있다. 고등학교 때 품었던 '인류에게 희망을 주는 사람'이라는 꿈을 차근차근 실현해 나가고 있는 것이다. 성적으로는 불가능해 보였던 일이 진심과 열정으로 가능해진 것이다.

이것이 바로 현재 입시가 추구하는 방향이다. 점수만으로 줄 세우는 것이 아니라 학생 개개인의 잠재력과 가능성을 발견하고 키워 주는 것 그리고 그 아이가 사회에 나가서 자신의 역량을 발휘할 수 있도록 돕는 것. 이것이 진정한 교육의 목적이자 학종이 추구하는 가치다.

믿었던 고득점의 배신

"어머니, 윤서는 합격이 어려울 수도 있습니다."

입시 컨설팅 과정에서 합격과 불합격 결과가 확연히 예측되는 아이들이 있다. 전국 단위 자사고(이하 전사고)인 상산고등학교 입시 준비를 위해 만났던 윤서는 중학교 내신 만점 수준에 학생회장까지 맡고 있었다. 스펙은 모자랄 것 없어 보였지만 자기소개서(이하 자소서)를 위한 인터뷰를 시작하자마자 불안함을 느꼈다.

윤서의 치명적인 결점은 첫째, 의대 진학을 꿈꾸지만 동기는 없었다. 둘째, 시험은 잘 봤지만 학원에 의존했을 뿐 평소 공부는 전혀 없었다. 셋째, 중1 때부터 독서 시간이 아예 없었다. 결론적으로 자소서 문항을 전혀 이해하지 못했고 쓸 내용도 없어 보였다. 윤서에게 필요한 것은 자소서가 아니라 '자소설'이었다.

상산고등학교 자소서에는 독서에 관한 문항이 따로 있고 읽은 책에 대한 깊이를 요구한다. 단기간에 만들어 낼 수 있는 영역이 아니었다. 어머니께 합격이 어려울 수도 있다고 솔직히 말씀드렸다. 그럼에도 도전해 보겠다는 윤서에게 읽어야 하는 도서 목록을 정리해 주고 진지하게 읽어 보라는 과제를 주었다. 그리고 자소서 문항 해석에 대한 과제도 함께 주었다.

두 번째 미팅 때 만난 윤서의 과제 수행은 예상을 벗어나지 않았다. 자소서 문항을 전혀 이해하지 못했고 책은 어려워했다. 의사가 되고 싶다면 기본적으로 읽어 봐야 하는 책들임에도 불구하고 책 읽는 자체를 힘들어했다. 자소서 문항에 대해서도 표면적인 답만 내놓았고 독서에 관한 질문을 던지면 어색한 침묵이 이어졌다. 급기야 "책을 안 읽었는데 무슨 답을 해야 하나요?"라는 말이 튀어나왔다. 성적표에는 만점이 찍혀 있었지만 사고의 깊이와 탐구의 흔적은 전혀 보이지 않았다.

"상산고는 학생이 '무엇을 고민해 왔는가'를 묻는 학교입니다. 지금 상태로는 합격하기 어렵습니다."

윤서와 부모님은 끝까지 도전하겠다는 의사를 밝혀 두 달여 동안 그럴듯한 도서를 선정해 읽고 인성 및 독서에 관한 면접 준비, 순발력과 사고력을 요구하는 수학과 과학 문항에 대한 본인의 생각과 이유를 설명하는 연습을 했지만 정답이 없는 질문에 대한 본인의 생각을 표현하는 것을 여전히 힘들어했다. 결과는 예상한 대로 불합격이었다.

전사고 입시는 그렇게 단순하지 않다. 내신 만점과 화려한 스펙도 중요하지만 그것은 어디까지나 '재료'일 뿐이다. 학교는 그 재료를 가지고 아이가 어떤 요리를 해냈는지, 앞으로 어떤 요리를 만들 수 있을지를 살펴본다.

윤서의 경우는 '재료만 있고 요리는 없는' 전형적인 사례였다. 시험 성적은 학원이라는 기계식 주방에서 얻은 결과였고, 독서와 탐구는 전혀 없었다. 자소서에서 최근 읽은 책 중 가장 인상 깊었던 책과 그 이유를 묻자 교과서 외에는 답할 수 있는 책이 없었다. 면접에서 "어떤 주제를 깊이 탐구해 본 경험이 있나요?"라는 질문이 나왔다면 아마 대답할 수 없었을 것이다.

윤서의 사례는 단순히 한 학생의 불합격으로 끝나는 이야기가 아니다. 사실상 전사고 입시는 대학의 학종과 그 구조가 같다. 성적은 출발점일 뿐이고 진짜 합격을 가르는 것은 '본인의 스토리'다.

- 어떤 문제의식을 품었는가?
- 그 문제를 탐구하기 위해 어떤 시도를 했는가?
- 그 과정을 통해 무엇을 배우고 확장했는가?

이 세 가지가 학생부와 자소서, 면접 답변에 살아 있어야 한다. 전사고가 요구하는 것은 완성된 결과물이 아니라 탐구의 흔적이다. '성실하게만 하면 된다는 믿음'은 함정이 될 수 있다. 성적이 우수하고 학생부가 깔끔하면 충분할 거라고 생각하지만 그 안에 아이의 내면적 동기와 성장 서사가 비어 있다면 합격을 보장할 수 없다.

서울대가 발표한 2028학년도 대입 개편안도 같은 메시지를 담고 있다. 정시에서도 단순한 점수뿐 아니라 교과이수기준과 교과학업 성취도를 반영하는 교과평가를 강화하겠다는 것이다. 고등 과정에서 어떤 과목을 선택했고 그 과정을 얼마나 자기주도적으로 학습했는지를 본다는 의미다. 전사고가 중학생에게 요구하는 기준이 대입에서는 고등학생에게 그대로 적용되는 셈이다.

윤서처럼 시험은 잘 보지만 탐구와 독서가 없는 학생은 대학 입시에서도 불리할 수밖에 없다. 중학교 때부터 방향성을 잡고 탐구 습관을 쌓아야만 고교학점제와 학종 체제에서 살아남을 수 있다.

"당신의 아이는 성적 외에 무엇으로 자신을 설명할 수 있는가?"

"어떤 주제에 호기심을 품고 탐구해 본 경험을 가지고 있는가?"

"학생부에 점수와 직책 외에 서사적인 흔적이 보이는가?"

만약 이 질문에 선뜻 답하지 못한다면 지금이 바로 바꿀 때다. 내신 만점은 분명 자랑스럽다. 하지만 그것만으로는 '익명의 우등생'에 머물 뿐이다. 대학과 전사고가 원하는 것은 성적표 뒤에 숨은 '사람'이다. 그 사람다움을 보여 줄 수 있을 때 비로소 합격 문이 열린다.

내신 만점에도 불구하고 전사고에 탈락한 윤서의 이야기는 우리에게 중요한 교훈을 준다. 성적은 필요조건일 뿐 충분조건이 아니라는 사실을 말이다. 점수 뒤에 어떤 과정을 걸어 왔는가, 어떤 성장을 이루어 왔는가를 보여 줄 수 있어야 한다.

입시는 결국 한 아이의 스토리 경쟁이다. 스토리가 없는 만점은 언제든 흔들리지만 과정의 흔적이 살아 있는 기록은 성적이 조금 부족해도 설득력을 가진다. 우리가 만들어야 할 것은 만점짜리 성적표가 아니라 그 성적을 가능하게 한 내면의 힘과 탐구의 흔적이다.

전교 1등 내신 1등급, 수시 5광탈

"지우가 의사가 되어 개원한다면 나는 그 병원에 안 가고 싶어."

고3 학생 수시 컨설팅을 진행하던 중 아내에게 이렇게 말하자 아내가 이유를 물었다.

"암기 공부만 잘하는 아이야. 정해진 범위 밖에서는 고민하지 않고 다른 사람 이야기는 들으려 하지 않아. 이대로라면 배운 대로만 진료하는 의사가 될 것 같아."

지우는 내신 1.04등급, 전교 1등이었다. 성적만 보면 의대 진학은 충분히 안정권이었고, 부모 역시 확신에 차 있었다.

"이 정도면 의대는 충분히 갈 수 있지 않겠습니까?"

그러나 나는 의구심이 들었다. 점수는 완벽했지만 그 이면의 태도와 사고 과정이 부실했기 때문이다.

기말고사를 마친 뒤 지우에게 물었다.

"왜 의사가 되고 싶니?"

"의사가 되면 안정적이니까요."

"구체적으로 어떤 의사가 되고 싶어?"

"그냥 돈 많이 버는 의사요."

짧은 대화였지만 충분했다. 직업을 향한 탐구도, 자기 언어도, 진정성도 없었다. 면접 대비 과정에서 한계는 더 분명해졌다. 가치관에 대해 물으면 지우는 늘 반문했다.

"꼭 그렇게 해야 하나요?"

지우는 자기 생각과 다르면 받아들이지 않았고 공감보다 늘 자신을 옹호하는 논리만 늘어놓았다. 환자의 입장, 보호자의 불안, 협력의 가치는 찾아볼 수 없었다.

성적 역시 아이러니했다. 내신은 완벽했지만 모의고사와 수능 성적은 불안정했다. 지우는 범위가 정해져 있는 시험은 잘 봤지만 응용과 사고를 요구하는 문제는 버거워했다.

결국 수능 최저 학력을 요구하는 대학과 대면 면접이 있는 대학에서는 모두 불합격했다. 다행히 수능 최저 없이 비대면 문제 풀이 중심 면접을 진행한 의대 한 곳에서만 합격했다. 그 학교는 '사람'이 아니라 문제 풀이를 보고 합격자를 뽑았기에 가능했다.

누군가는 말할 것이다.

"그래도 의대에 합격했잖아. 결과가 중요하지 않나?"

하지만 나는 그렇게 생각하지 않는다. 합격은 결과일 뿐 더 중요한 것은 그 과정에서 어떤 사람이 되었는가이다. 나는 환자의 말을 듣지 않고 보호자의 감정을 공감하지 못하며 정해진 범위 안에서만 판단하는 의사에게 내 몸을 맡기고 싶지 않다.

부모에게 묻고 싶다.

"당신의 아이는 성적 외에 무엇으로 자신을 설명할 수 있는가?"

"학생부에는 점수와 직책 말고 아이만의 흔적이 남아 있는가?"

"면접에서 왜 이 길을 선택했는지 남들과 다른 이야기를 할 수 있는가?"

전교 1등 지우의 수시 5광탈은 단순한 실패담이 아니다. 성적만으로는 부족하다는 경고다. 암기 위주의 공부는 반드시 한계가 오며 사람됨이 없는 합격은 오래가지 못한다.

입시는 과정의 종착점이 아니라 사람됨을 증명하는 첫 무대다. 부모가 아이와 함께 고민해야 할 것은 성적표가 아니라 그 성적이 만들어진 과정과 태도다. 합격보다 중요한 것은 어떤 사람이 될 것인가라는 질문에 답하는 일이다.

입시 컨설팅을 위해 찾아오는 고3 아이들에게 안타까움을 느낄 때가 많다. 일단 성적부터 만들어 놓은 후 대학이나 진로를 맞추면 된다고 생각하는 경우가 많기 때문이다. 치열하게 학교생활을 했겠지만 입시에서 제한적인 부분이 많다는 것을 간과하고 있다.

성적은 충분하지만 학종에서 탈락하는 경우가 많다. 당연하다. 간혹 학생과 부모 심지어 교사들까지도 "내신 점수가 되면 어떤 학과에 지원해도 합격할 수 있다"라고 단순하게 생각한다. 교과전형에서는 어느 정도 적용될 수 있겠지만 그것은 학종의 본질을 모르는 데서 나오는 오해다.

2007년 입학사정관제가 시작된 이유는 단순히 점수만으로 학생을 줄 세우지 않기 위해서였다. 여러 제도적 보완을 거쳐 현재의 학종으로 이어졌지만 취지는 변함없다. 학교 안에서의 배움과 성장 과정, 전공에 대한 탐구, 공동체 속에서의 역할을 종합적으로 본다는 것이다. 내신이 아무리 안정적이어도 전공과의 연결성이 보이지 않는다면 학종에서는 탈락할 수밖에 없다.

특히 의대 입시는 더 엄격하다. 의대는 대부분의 전형에서 면접이나 수능 최저 학력 기준을 매우 높게 요구한다. 내신이나 수능 성적만으로는 절대 합격할 수 없으며 사람 됨됨이와 기본 태도, 환자와의 소통 능력, 가치관을 반드시 평가받는다. 따라서 '성적은 되니까 혹시나' 하는 지원은 애초에 통하지 않는다. 점수는 입구일 뿐이고 그 문을 통과한 뒤에 대학은 늘 같은 질문을 던진다.

"당신은 좋은 의사가 될 준비가 되어 있는가?"

고입의 자기주도학습전형과 대입의 학종

고입 자소서 문항의 키워드와 학종의 평가 방식

'자기주도학습전형'이라고 불리는 고등학교 입시는 학교에 따라 차이가 있지만 대부분 단계별 전형을 거친다. 1단계는 학생부와 자소서를 기반으로 한 서류 평가, 2단계는 면접, 영재학교와 일부 과학고는 3단계 심층 면접까지 치르기도 한다.

자소서는 합격 여부를 결정짓지는 않지만 학생부 기록을 해석하고 학생의 역량을 드러내는 데 매우 중요한 자료다. 특히 학교 유형별 자소서 문항은 대입 학종의 평가 요소와 맞닿아 있어 고입 준비 과정에서 쓰는 자소서는 대입 학종을 위한 예행연습이라 할 수 있다.

고입 자소서를 이해하는 순간 학종의 본질이 보인다. 같은 유형의 학교라도 문항의 세부 내용은 차이가 날 수 있다.

영재학교(세종과학예술영재학교)

문항 1. 중학교 재학 기간 또는 최근 3년간(초졸 이후) 자신의 꿈과 끼를 살리기 위해 수행했던 진로 탐색 활동과 앞으로의 진로 계획을 구체적으로 기술하시오. (400자 이내)

→ **해석**: 단순히 '생명과학자가 되고 싶다' 같은 직업 나열이 아니라 중학교 시절 어떤 경험을 통해 해당 진로에 관심이 생겼고 이를 어떻게 탐색했는지 보여 주어야 한다.

→ **학종 연결**: 대입 학종에서 평가하는 진로역량과 동일하다. 입학사정관이 학생부에서 발견하고자 하고 면접에서 기본적으로 묻는 "지원 전공에 관심을 가지게 된 계기와 노력"과 같은 맥락이다.

문항 2. 과학 분야에서 자기주도적으로 수행한 탐구 사례를 자세히 기술하시오. 주제, 동기, 과정, 결과, 본인에게 준 영향까지 구체적으로 서술하시오. (800자 이내)

→ **해석**: 성취보다 과정 중심. 스스로 주제를 잡고 문제를 해결해 본 탐구의 맥락을 요구한다.

→ **학종 연결**: 학업역량(탐구 능력) + 진로역량(과학적 관심 지속성). 대입 학종 면접에서 자주 묻는 "전공과 관련해 가장 몰입한 탐구 경험은 무엇인가?"와 동일하다.

문항 3. 수학 분야에서 자기주도적으로 수행한 탐구 사례를 자세히 기술하시오. 주제, 동기, 과정, 결과, 본인에게 준 영향까지 구체적으로 서술하시오. (800자 이내)

→ **해석**: 단순 문제 풀이가 아니라 수학적 사고를 주제로 한 탐구 경험을 묻는다.

→ **학종 연결**: 학업역량(논리적 사고·수학적 추론) + 진로역량(수학 활용성), 대

입 학종의 '교과에서 흥미롭게 탐구한 주제와 과정'과 같은 맥락이다.

∴ **정리**: 영재학교 자소서는 1번(진로), 2번(과학 탐구), 3번(수학 탐구)으로 이어지며, 대입 학종의 학업 및 진로역량과 평행을 이룬다.

과학고(대전동신과학고)

문항 1. 중학교 재학 기간 중 수학 분야와 과학 분야에서 크게 성장할 수 있었던 교내외 활동(탐구, 체험, 동아리 등)에 대해 구체적으로 서술하시오. (수학 300~700자, 과학 300~700자)

→ **해석**: 단순 활동 나열이 아니라 '주제-동기-과정-결과-의미'를 체계적으로 기술해야 한다.
→ **학종 연결**: 학업역량(교과 연계 탐구) + 진로역량(전공 지향성). 학종 세특 기반 탐구 경험과 동일하다.

문항 2. 중학교 재학 기간 중 수학·과학 분야에서 학업 능력을 향상하기 위해 자기주도적으로 노력한 학습 경험을 서술하시오. (수학 300~700자, 과학 300~700자)

→ **해석**: 사교육 의존이 아닌 자기 동기, 계획, 실행 과정을 강조해야 한다.
→ **학종 연결**: 학업역량(자기주도성). 이전 대입 학종 자소서의 '교과 학습 경험과 과정에서 배우고 느낀 점'과 같은 맥락이다.

문항 3. 중학교 재학 기간 중 인성 요소(배려, 나눔, 협력, 타인 존중 등)를 실천한 사례와 그 과정에서 배우고 느낀 점을 서술하시오. (800자 이내)

→ **해석**: 단순 미담이 아니라 구체적인 상황과 행동, 성찰이 있어야 한다.
→ **학종 연결**: 대입 학종 평가의 공동체역량과 직결된다.

∴ **정리**: 과학고 자소서는 1번(탐구 경험), 2번(자기주도학습), 3번(인성·공동체)

으로 구성되어 학종의 학업· 진로·공동체 3대 요소와 평행을 이룬다.

외고(대전외고)

문항 1. 본인이 스스로 학습 계획을 세우고 학습해 온 과정과 그 과정에서 배우고 느낀 점을 구체적으로 기술하시오. (700자)

→ **해석**: 학습 성취 결과보다 과정(계획→실행→성찰)에 초점을 맞춰야 한다.
→ **학종 연결**: 학업역량(자기주도학습 태도). 이전 대입 학종 자소서의 '교과 학습 경험'과 유사하다.

문항 2. 대전외고에 관심을 갖게 된 동기, 고교 입학 후 자기주도적으로 꿈과 끼를 살리기 위한 활동 계획 및 졸업 후 진로 계획을 기술하시오. (400자)

→ **해석**: '지원 동기 → 고교 활동 설계 → 진로 계획'의 일관성을 요구한다.
→ **학종 연결**: 진로역량 + 전공 적합성과 일치한다.

문항 3. 본인의 인성(배려·나눔·협력 등)을 나타낼 수 있는 경험과 배우고 느낀 점을 서술하시오. (400자)

→ **해석**: 추상적 나열이 아니라 구체적인 사례와 성찰을 적어야 한다.
→ **학종 연결**: 공동체역량. 대입 학종의 '공동체 기여 경험'과 일치한다.

∴ **정리**: 외고 자소서는 1번(자기주도학습), 2번(진로 / 전공 동기), 3번(인성 / 공동체)으로 구성되어 학종 프레임과 직접 맞닿는다.

자사고(상산고)

문항 1. 본인 스스로 계획을 세우고 실천하여 성취감을 느낀 학습 경험과 학업에 기울인 노력에 관해 배우고 느낀 점을 구체적으로 기술하시오. (1000자 내외)

→ **해석**: 자기주도적 학습 사이클(목표 설정-실행-성취-성찰)을 요구한다.

→ **학종 연결**: 학업역량(자기주도성). 대입 학종 평가 요소 중 학습 태도 및 학업 역량과 동일하다.

문항 2. 본인의 인성(배려·나눔·협력·타인 존중 등)을 나타낼 수 있는 경험과 배우고 느낀 점을 구체적으로 기술하시오. (500자 내외)

→ **해석**: 실제 상황을 통한 배려·협력의 경험을 기술해야 한다.

→ **학종 연결**: 대입 학종의 공동체역량과 직결된다.

문항 3. 중학교 재학 기간 중 의미 있게 읽은 책 3권을 고르고, 책을 읽게 된 동기와 소감을 구체적으로 기술하시오. (권당 300자, 총 900자 이내)

→ **해석**: 단순 요약이 아니라 독서 경험을 통해 사고가 어떻게 확장되었는지, 진로와 어떻게 연결되었는지를 평가한다.

→ **학종 연결**: 학업역량 + 진로역량 + 공동체역량. 대입 학종에서 독서는 학생의 탐구 성향과 가치관을 보여 주는 주요 지표이다.

∴ **정리**: 자사고 자소서는 학업(문항 1), 인성·공동체(문항 2), 독서 기반 진로 탐구(문항 3)를 모두 담아내며 학종 3대 평가 요소를 전부 포함한다.

학교 유형은 달라도 모든 고입 자소서는 결국 대학이 평가하는 세 가지 역량(학업, 진로, 공동체)을 요구한다. 즉 '고입 자소서 훈련 = 대입 학종 준비의 시작'이다.

많은 중학생과 부모가 "지금은 아직 이르다"라고 말하지만 진정한 학종 준비는 중학교에서 시작된다. 교과서 속 탐구 주제를 스스로 연결하고 자신의 흥미를 문장으로 설명할 수 있다면 그게 바로 '학종형 학생'으로 나아가는 첫 단계다.

대입 학종 자소서가 사라졌다고 해서 대비 자체가 무의미한 건 아니다. 2025학년도 입시부터 학종에서 자소서가 전면 폐지되었다. 하지만 이는 자소서가 단순히 사라진 게 아니라 그 내용이 학생부에 들어간 것이다. 중학교 시절 자기주도학습전형을 준비하며 쌓은 사고력, 기록력, 성찰력은 대입에서도 핵심 역량으로 작동한다.

따라서 중학생이 자소서를 써 본다는 건 단순히 원서를 제출하기 위한 절차가 아니라 자신을 탐구하는 훈련이다. 이 훈련이 반복될수록 아이는 공부를 단순한 교과목으로 받아들이지 않고 자신의 '삶의 방향'을 결정짓는 과정으로 받아들인다.

지원 동기는 곧 진로

"지원 동기를 쓰세요."

입시를 준비하는 많은 아이가 이 질문 앞에서 멈칫한다.

영재학교, 과학고, 자사고, 외고 등 고교 입시 자소서의 1번 문항은 대부분 '지원 동기'에 대한 질문이다. 입시는 '왜 우리 학교에 오고 싶니?'라는 질문으로 시작된다. 대입 학종에서도 입학사정관들은 학생부, 자소서, 면접을 통해 '이 학생이 왜 우리 학교, 이 전공을 선택했는가'를 찾는다.

아직도 '지원 동기 = 성적'이라고 착각하는 아이들이 있다.

"이 학교를 지원한 이유는 ○○ 성적이 잘 나오기 때문입니다."

"이 과목 성적이 좋아서 이 전공을 선택했습니다."

입시는 성적만으로 선발하지 않는다. 성적이 높으면 유리할 뿐 지원 동기가 없으면 학종에서는 경쟁력이 떨어지고, 고입 자소서도 힘을 잃는다. 대입 학종의 본질 역시 성적이 아니라 '학생의 성장 과정과 진로 탐색'이다.

최상위권 대학들은 "전공 적합성이 매우 중요하다"라고 강조한다. 이는 단순히 해당 과목 성적만으로 증명되지 않는다. 관련 탐구 보고서, 독서, 활동, 프로젝트, 세특 기록 속에서 진로를 향해 학생이 어떻게 움직였는지가 핵심이다.

지원 동기가 분명한 학생은 면접과 자소서에서 흔들리지 않는다. 명확한 진로는 강력한 동기 부여가 되어 성적도 오른다. 입시는 방향(진로)이 먼저, 점수는 그다음이다.

중학교 시기부터 진로 고민을 시작해야 하는 이유가 바로 여기에 있다. 고입이든 대입이든 지원 동기는 단순히 자소서용 문구가 아니라 아이의 학습 동력이고 성장의 중심축이다.

부모가 아이의 진로 고민을 함께 시작해 주는 것, 그것이 입시 성공의 출발점이자 아이의 행복한 성장을 위한 첫걸음이다.

📍

부모의 진로 관심도 셀프 체크리스트

	질문	매우 그렇다 (5점)	그렇다 (4점)	보통 (3점)	아니다 (2점)	전혀 아니다 (1점)
1	나는 진로를 '직업'이 아니라 '삶의 방향'이라고 생각한다.					
2	아이의 진로는 성적보다 더 중요한 문제라고 생각한다.					
3	진로는 '정답'이 아니라 '탐색 과정'이라고 믿는다.					
4	아이의 진로는 부모의 기대보다 아이의 흥미가 우선되어야 한다고 생각한다.					
5	진로가 정해졌더라도 바뀌어도 괜찮다고 생각한다.					
6	내 아이의 '좋아하는 일'이 무엇인지 구체적으로 말할 수 있다.					
7	나는 내 아이의 장점을 '성적 외의 언어'로 표현할 수 있다.					
8	아이와 진로에 관해 한 달에 한 번 이상 대화한다.					
9	그 대화의 주제는 성적보다는 '관심 있는 분야'나 '꿈'이다.					
10	나는 아이의 말에 '판단'보다 '질문'으로 반응하려 노력한다.					
11	아이가 현실적인 어려움을 말할 때 '위로'보다는 '해결책'만 제시하는 편이다.					
12	아이가 흥미를 표현할 때 나는 그 흥미를 진로로 확장해 보려 한다.					
13	아이의 실패 경험을 진로 탐색의 일부로 받아들인다.					

질문	매우 그렇다 (5점)	그렇다 (4점)	보통 (3점)	아니다 (2점)	전혀 아니다 (1점)
14 아이의 진로 고민을 나의 불안으로 연결하지 않으려고 노력한다.					
15 나는 현재 교육과정(고교학점제, 진로선택 과목 등)에 대해 이해하고 있다.					
16 대학 학과와 진로의 연결 구조를 설명할 수 있다.					
17 진로 관련 행사(전공 체험, 박람회 등)에 아이와 함께 참여해 본 적이 있다.					
18 아이의 흥미와 맞는 탐구·독서·체험 활동을 함께 찾아본 적이 있다.					
19 입시 전형(학종, 교과, 정시)의 차이를 알고 있다.					
20 진로 선택이 대입 전략에 어떤 영향을 주는지 이해하고 있다.					
21 아이의 진로 관련 활동을 학생부에 어떻게 남길 수 있는지 알고 있다.					
22 나는 아이의 진로를 '성공 확률'보다 '행복 가능성'으로 본다.					
23 아이가 진로를 바꾸겠다고 하면 불안감보다 호기심이 든다.					
24 아이의 꿈이 내 기준으로는 '비현실적'이더라도 일단 들어준다.					
25 내 아이의 진로를 친구나 이웃과 비교하지 않는다.					
26 아이가 진로 관련 도전을 시도하면 '결과'보다 '과정'을 칭찬한다.					
27 아이가 스스로 탐색할 시간을 존중한다.					
28 나는 아이의 진로를 대신 '설명'하지 않는다.					
총점					

총점	유형	특징	제안 방향
115~140점	진로 코치형 부모	아이의 성장 과정을 존중하고 대화와 정보의 균형이 잡혀 있음.	진로 대화의 빈도를 유지하되 자율 선택의 공간을 확장하세요.
90~114점	균형형 부모	진로에 대한 관심이 높지만 일부 입시 중심 사고가 남아 있음.	아이의 성적보다 탐색 과정에 초점을 두는 대화를 늘려 보세요.
65~89점	불안형 부모	불안감으로 인해 통제적인 태도가 나타남.	아이의 선택을 신뢰하고 '실패 경험'을 함께 재해석해 주세요.
40~64점	성과 집착형 부모	진로를 '성공의 수단'으로 인식, 감정적 교감 부족.	진로를 감정보다 목표로만 보는 습관을 줄이세요. 경청 훈련이 필요합니다.
39점 이하	진로 무관심형 부모	진로 이해도가 낮고 대화나 정보 탐색이 거의 없음.	학교 진로 프로그램, 책, 강연 등을 통해 먼저 진로 교육을 경험해 보세요.

부모의 진로 이해 수준이 곧 아이의 진로 확장력이다. 진로 코치형 부모는 아이의 길을 지시하지 않는다. 대신 좋은 질문으로 아이가 스스로 길을 찾도록 돕는다. 진로는 가르치는 것이 아니라 함께 걸으며 발견하는 것이다.

부모와 아이, 성향부터 알아야 길이 보인다

2분 만에
부모와 자녀 성향 파악하기

　　MBTI 검사부터 홀랜드 검사까지 성향 파악이나 적성을 진단하는 도구는 많다. 여기서는 교담의 심동화 소장이 개발한 '식스센스 진단 도구'를 활용한다. 수십 분에서 길게는 1시간 이상 걸리는 다른 진단 도구들에 비해 매우 간단하지만 정확도는 상당히 높다. 단 2분이면 충분하다.

　　부모용과 학생용 진단지의 각 번호에 있는 두 개의 질문 중 본인에게 맞는 성향에 체크하고 A, B, E, F 각각의 개수를 센다. 이때 부모와 학생은 서로의 응답을 보지 않은 상태에서 각각 검사를 진행한다. 모든 문항에는 정답이 없으며 오래 고민하지 말고 평소의 모습에 가장 가까운 항목을 고르는 것이 중요하다.

식스센스 성향 진단지

학생용 진단지   문항 세트에서 선택해 표시해 주세요. 표시된 각각의 개수를 적어 주세요.

1
A 많은 친구와 함께 있는 것이 좋다.
B 혼자 있는것이 좋다.

1
E 정확한 것이 좋다.
F 친절한 것이 좋다.

2
A 새로운 것을 빨리 배우고 적응하는 편이다.
B 익숙해지기까지 시간이 필요한 편이다.

2
E 내가 하고 싶은 것을 주로 말하는 편이다.
F 다른 사람이 하고 싶은 것을 들어주는 편이다.

3
A 공부할 때 그날 하고 싶은 것 위주로 먼저 하는 편이다.
B 미리 공부 계획에 따라 공부하는 편이다.

3
E 논리적인 근거가 있어야 의사결정을 하는 편이다.
F 상황을 봐서 의사결정을 하는 편이다.

4
A 친구들에게 내 의견을 먼저 제시하는 편이다.
B 다른 친구들의 의견을 묻고 듣는 편이다.

4
E 나의 주장을 통해 문제를 해결한다.
F 다른 사람들의 의견을 접한 후 문제를 해결한다.

5
A 급할 때 아이디어가 잘 떠오른다.
B 시간이 넉넉할 때 아이디어가 잘 떠오른다.

5
E 필요한 말은 한다.
F 필요한 말도 한 번쯤은 참는다.

6
A 궁금한 것이 있을 때 먼저 묻는 편이다.
B 궁금한 것이 있어도 참고 기다리는 편이다.

6
E 사실을 밝히려 한다.
F 좋게 생각하려 한다.

7
A 명령적인 편이다.
B 순응적인 편이다.

7
E 급할수록 논리적이 된다.
F 급할수록 감정적이 된다.

8
A 사교적인 편이다.
B 신중한 편이다.

8
E 결과를 중시하는 편이다.
F 과정을 중시하는 편이다.

9
A 말하는 것이 편하다
B 듣는 것이 편하다.

9
E 이해가 되어야 행동한다.
F 느낌이 와야 행동한다.

10
A 나서서 주목받는 것이 좋다.
B 나서는 것보다 지켜보는 것이 좋다.

10
E 말과 행동이 빠른 편이다.
F 말과 행동이 느린 편이다.

11
A 실수를 겁내지 않고 도전하는 편이다.
B 실수를 하지 않으려고 참고 노력하는 편이다.

11
E 승부는 무조건 이겨야 한다.
F 이기는 것보다 함께 즐기는 것이 더 중요하다.

A _______   B _______   E _______   F _______

1
A 여유가 생기면 활동적인 시간을 갖는다.
B 여유가 생기면 조용히 안정을 취한다.

2
A 새로운 것을 빨리 배우고 적용한다.
B 변화에 익숙해지기까지 시간이 필요하다.

3
A 일단 일을 시작하고 대응할 때가 많다.
B 세부적인 대책을 세운 후 일을 시작해야 마음이 편하다.

4
A 내 의견을 먼저 제시하는 편이다.
B 타인의 의견을 듣고 내 생각과 비교하는 편이다.

5
A 급할 때 아이디어가 잘 떠오른다.
B 시간이 넉넉할 때 아이디어가 더 잘 떠오른다.

6
A 궁금한 것이 있을 때 먼저 묻는 편이다.
B 궁금한 것이 있어도 먼저 얘기해 줄 때까지 기다린다.

7
A 주도적이며 도전적이다.
B 진지하고 세심하며 순응적이다.

8
A 사교적이며 감정 표현을 잘한다.
B 생각이 깊고 신중하다.

9
A 말을 하다 보면 새로운 생각이 떠오르고 결정이 쉬워진다.
B 신중하게 생각하고 결정한 후 말하는 것이 편하다.

10
A 일 처리가 빠르고 순발력이 있는 편이다.
B 일 처리가 느리지만 꼼꼼한 편이다.

11
A 겁이 없고 용감한 편이다.
B 실수를 하지 않으려고 노력하는 편이다.

1
E 정확하고 공정한 것이 좋다.
F 다정다감하고 친절한 것이 좋다.

2
E 나의 관점을 주장하는 편이다.
F 타인의 관점을 배려하는 편이다.

3
E 이성과 논리에 근거해서 의사결정을 한다.
F 상황에 따라 판단하며 의사결정을 한다.

4
E 내 생각을 상대방에게 주장하는 편이다.
F 상대의 생각을 듣고 대응하는 편이다.

5
E 필요한 말은 한다.
F 필요한 말도 한 번쯤은 참는다.

6
E 불합리한 결정에 대해 따지는 편이다.
F 불합리한 결정이더라도 좋게 생각하려 한다.

7
E (화가 날 때 or 급할 때) 논리적으로 된다.
F (화가 날 때 or 급할 때) 감정적으로 된다.

8
E 능력과 성과 중심으로 행동하는 것을 선호한다.
F 가치와 사람 중심으로 행동하는 것을 선호한다.

9
E 이해가 되어야 행동한다.
F 느낌이 와야 행동한다.

10
E 강한 의지와 실행 속도가 빠른 사람을 선호한다.
F 따뜻한 마음을 가진 사람을 선호한다.

11
E 승부욕이 강하다.
F 다정다감하다.

A ________   B ________   E ________   F ________

　항목에 체크를 다 했으면 A, B, E, F 각각의 개수를 다음 그래프의 해당 지점에 점을 찍은 후 그 점들을 서로 이어 보자. 우측 위쪽 (A와 F를 이어서 만든 면)을 제1사분면, 이를 기준으로 시계 반대 방향 순으로 제2, 제3, 제4사분면이다. 제1사분면부터 제4사분면의 삼각형 중 면적이 가장 큰 사분면부터 1~4까지 번호를 매긴다. 그래프의 1번과 2번 영역을 주목하고 결과 해석을 살펴보자.

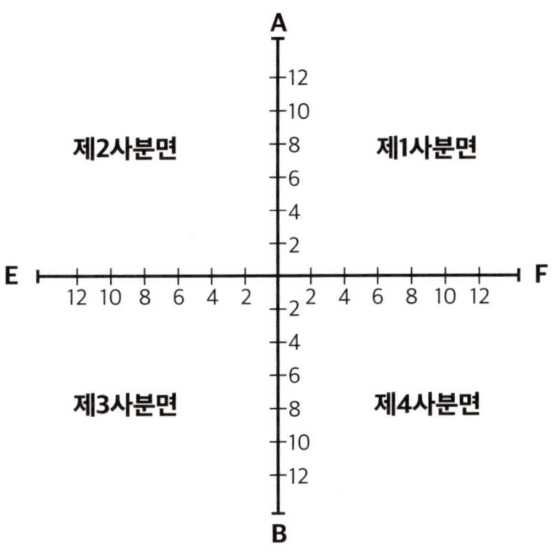

미션 1

미션 2

미션 3

미션 4

미션 5

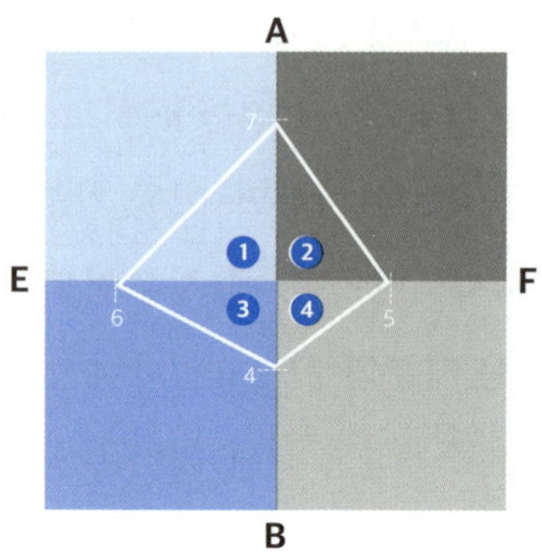

A:7, B:4 / E:6, F:5 그래프 예시

● 현대형(사회형)

제1사분면(우측 위쪽)은 현대형 또는 사회형이라 정의한다. 유형 이름에서 느껴지듯 이 유형은 사람 간의 관계를 중요시한다. 매우 긍정적이며 사교성이 뛰어나다. 말이 많고 침묵을 잘 견디지 못해 분위기 메이커 역할을 한다. 호기심이 많아서 이것저것 시도해 보는 것도 많다. 기본적으로 공부를 싫어한다. 무엇을 하든 '재미'를 추구하기 때문이다. 대부분의 아이가 그렇지만 이 유형의 아이들은 노는 게 제일 좋다. 스트레스받으면 친구들과 함께 놀아야 한다. 만약 부모님이 "시험 보느라 고생했으니 집에서 푹 쉬어. 밖에 나가진 말고."라고 한다면 이 아이들에게는 고문과 다름없다. 이러한 환경이 반복되면 SNS 또는 게임에 중독되기 쉽다. 이들에게 가장 중요한 '소통'의 도구가 그것밖에 남지 않기 때문이다. 기본적으로 언어와 소통 역량이 발달해 있는 이 아이들은 유쾌한 환경 속에서 역량을 발휘한다. "성격 참 좋다"라는 말을 많이 들으며 다재다능하지만 깊이가 부족할 수 있다. 따라서 이 아이들은 2번 성향이 매우 중요하다. 2번 유형이 잡스형인지, 유비형인지에 따라 진로의 방향이 달라진다.

● 잡스형(혁신형)

제2사분면(좌측 위쪽)은 잡스형 또는 혁신형이라 정의한다. 이 유형의 아이들은 생각보다 행동이 우선이다. 그러다 보니 실수가 잦고 시행착오가 많다. 하지만 이 아이들에게는 그 과정 자체가 학습이 된다. 이 유형 또는 현대형 아이를 키우고 있는 학부모를 만나면 농담 반, 진담 반으로 돈을 많이 버셔야겠다고 말한다. 호기심이 많고 직접 해 봐야 직성이 풀리기 때문이다. 이러한 성향 덕분에 본인이 관심 있는 분야에서는 놀라운 집중력을 발휘하고 성과도 낸다. 다만 강제적인 행위는 강력히 거부한다. 영어 학원에서 매일 단어 시험을 보는 이유를 납득하지 못하면 절대 하지 않는 것이 바로 이 때문이다. 단기 암기력이 뛰어나서 벼락치기가 가능하다. 벼락치기로 낸 성과를 본인의 실력으로 착각하여 노력하지 않으려는 경향이 있다. 이런 아이를 나는 '게으른 천재'라고 부른다. 학기 초 반장, 회장 선거에 꼭 도전해야 하는 아이들이 바로 잡스형이다. 반대로 잡스형의 아이가 그 자리를 거부한다면 예전에 반장을 하면서 비난을 많이 받았거나 무기력한 상태일 가능성이 높다. 이 아이들은 본인의 노력이 인정받지 못하면 상처받고 굳이 역량을 발휘하지 않는다. 명확한 목표가 생기기전까지는 공부를 안 할 수 있다.

● **노벨형(사실형)**

제3사분면(좌측 아래쪽)은 노벨형 또는 사실형이라 정의한다. 이 유형의 아이를 키우고 있는 부모님께 나는 "계 탔다."라고 말한다. 대한민국 학부모라면 대부분 공감할 것이다. 이 아이들은 기본적으로 책을 좋아한다. 한 달 평균 독서량이 다른 유형의 아이들에 비해 3배 이상인 경우가 많다. 문해력이 뛰어나다 보니 공부를 못 할 수가 없다. 수리, 과학 역량이 발달해 있고 계획에 따른 예습 및 복습이 가능한 아이들이다. 이 아이들이 진로 방향 및 목표를 갖고 있다면 영재학교와 과학고 진학을 적극 추천한다. 이성적이고 논리적인 성향으로 '사실'을 중시하며 냉철한 판단력 때문에 상대에게는 다소 냉정해 보일 수도 있다. 다른 유형의 아이들이 독서를 또 다른 공부로 여기는 것과는 반대로 이 아이들은 독서를 '휴식'이라고 표현한다. 또한, 개념이 이해되지 않으면 다음 단계 진입을 불편해한다. 상위권이라고 해서 무리한 선행을 진행하기보다 아이의 속도를 맞추는 것이 중요하다.

핵심 키워드: 논리적, 이성적, 합리적

● **유비형(안정형)**

제4사분면(우측 아래쪽)은 유비형 또는 안정형이라 정의한다. 이 유형의 아이들은 일단 조용하고 성실하다. '우리 애는 내 말을 참 잘 들어.'라는 생각이 든다면 이 유형의 아이일 확률이 높다. 먼저 말을 하기보다 상대의 말을 들어주는 경청과 공감 능력이 매우 뛰어나다. 이 때문에 주변에서 "착하다"라는 말을 많이 듣는다. 반면에 상대방에게 실수할까 봐 또는 답변이 틀릴까 봐 생각을 쉽사리 꺼내지 못하는 경우가 많다. 이 유형을 자녀로 둔 학부모를 만나면 "혹시 화병 있지 않으세요?"라고 물어보기도 한다. 실수를 두려워하고 새로운 환경에 적응하기까지 시간이 걸린다. 새 학년, 특히 중학교 입학 시기와 고등학교 입학 시기에 이 아이들은 걱정이 많다. 다만, 타고난 성실함으로 묵묵히 자기 할 일을 해내는 능력이 뛰어나다. 글, 그림, 음악 등 예술적 재능을 갖추고 있는 경우도 많다. 희생과 배려의 감성, 지원 및 관리 능력이 뛰어나 이를 활용한 진로 방향을 고민해 보는 것도 좋다. 이 아이들이 이러한 역량을 마음껏 발휘하려면 대화를 통해 생각을 표현하도록 도와주는 것이 좋다. 결과보다 과정을 물어봐 주고 생각을 말할 때까지 기다려 주어야 한다.

핵심 키워드 : 안정적, 감성적, 배려적

각 유형의 기본적 성향을 알아보았다. 이번에는 1번과 2번 성향을 함께 살펴보자.

첫째, 1번과 2번 영역이 우측이라면 현대형과 유비형이다. 흔히 이야기하는 '결정장애'가 있을 확률이 높다. 이는 결정의 관점이 '나'가 아니라 '우리'이기 때문에 발생하는 현상이다. '관계'를 중요시하며 언어 영역이 발달해 있다. 토론식 수업은 이 아이들에게 최적화된 환경이다. 따라서 혼자서 무엇인가를 해내도록 몰아세우기보다 함께 어울리며 활동할 수 있는 환경을 조성해 주는 것이 좋다.

둘째, 1번과 2번 영역이 위쪽이라면 현대형, 잡스형이다. 창의력이 매우 뛰어나고 행동의 속도가 빠르다. 부모가 아래쪽 유형이라면 이러한 성향이 불안할 수밖에 없다. 그러나 이 성향을 인정하고 결과 위주의 칭찬으로 용기를 북돋아 준다면 아이는 스스로 장점을 발견하고 멋진 성과를 낸다. 반면, 목표 의식이 없는 상태에서 공부를 강제적으로 하게 한다면 독이 된다. 창의력이 뛰어나다는 것은 결과를 내보이기 전에는 쓸데없는 망상으로 여겨질 수 있다. 이 점을 명심하고 이 아이들이 시행착오를 스스로 겪고 이를 경험 삼아 일어설 수 있도록 도와야 한다.

셋째, 1번과 2번이 좌측이라면 잡스형과 노벨형이다. 이 유형은 자기주도적인 성향이 매우 강해 말을 안 듣는 아이처럼 보일 수 있다. 하지만 코칭적 관점에서 이를 '자기주도력'이라 부르며 이런 아이들의 학습 능력은 의심할 여지가 없다. 다만, 명확한 목표 설정이 전제되어야 한다. 노벨형 아이들은 목표가 없어도 일단 공부는 잘

하는 경향을 보이지만 목표까지 설정된다면 최상위권을 놓치지 않는다. 수리, 과학 영역의 역량이 발달해 있어 과학고나 영재학교 진학에 가장 적합하다. 현대형이나 유비형 아이가 좌측으로 성장하고 있다면 부모는 아이가 갑자기 제멋대로 하려 한다고 느낄 수 있으나 이는 지극히 정상적이고 멋진 '진화'로 보아야 한다.

넷째, 1번과 2번이 아래쪽이라면 노벨형과 유비형이다. 이 유형의 아이들은 행동의 속도가 느려 보일 수 있다. 위쪽 성향의 부모는 이 부분을 가장 답답해하지만 사실 이 아이들이 갖고 있는 가장 큰 장점이다. 사고력이 뛰어나고 신중하기 때문에 실수가 적고 안정적이다. 이러한 성향이 좋은 결과로 이어지려면 이 아이의 속도를 인정해 주어야 한다. 이들이 갖춘 성실함과 꼼꼼함이 목표와 맞닿는다면 기대 이상의 성과를 만들어 내기 때문이다.

성향별로 파악하는
우리 아이의 현재

관계가 무너지면 스스로 무너지는 아이

왜 '지금' 아이의 상태를 성향으로 봐야 하는가?

중학생 자녀를 둔 많은 부모는 입시 정보와 고등학교 진학 전략에 먼저 관심을 가진다. 하지만 정작 눈앞의 아이가 어떤 상태에 있는지, 어떤 유형의 아이인지를 파악하는 데는 소홀하다. 아이의 성향은 공부 습관뿐 아니라 관계 맺기, 감정 반응, 스트레스 대처, 진로 결정 전반에 영향을 준다.

특히 중학생 시기는 외부 환경에 대한 민감도와 자아 정체성이 강하게 충돌하는 시기다. 이 시기에 아이의 성향을 제대로 읽어 주는 것은 입시 전략보다 더 중요한 교육의 출발점이 될 수 있다. 여기서는 성격 유형 중 유비형 성향을 중심으로 아이의 감정 기반 행동 특성과 그에 맞는 부모의 대응 전략을 살펴본다.

유비형은 관계 속에서 자신의 존재를 확인한다. 이들에게 공부는 혼자 몰두하는 과제가 아니라 누군가의 인정 속에서 의미를 찾는 과정이다. 인정 욕구와 정서적 안정감이 학습 태도와 진로 선택의 결정적 요인이 된다.

"나 공부 잘해?"라는 질문보다 "나 잘하고 있는 거 맞지?"라는 확인을 원하고 "공부하자"라는 말보다 "같이 해 보자"라는 말에 의욕이 생긴다. 이들은 말투나 표정, 말의 속도에도 민감하며 배려받지 못한다고 느끼는 순간 감정적으로 움츠러든다. 성적이 당장 오르지 않더라도 부모가 꾸준히 인정과 안정감을 제공해야 아이는 쉽게 포기하지 않는다. 유비형 아이에게는 감정의 균형이 공부보다 더 중요하며 정서 안정과 관계적 안전망이 우선되어야 몰입이 가능하다.

이 아이들이 자주 겪는 어려움은 실망의 반복, 관계 갈등, 부모와의 정서적 단절이다. 이런 상황이 반복되면 겉으로는 괜찮아 보이지만 내면에서는 무기력이 자리 잡는다. 이때 부모가 해야 할 일은 조언보다 먼저 관계를 회복하고 감정을 안정시키는 일이다.

유비형 아이에게 중요한 양육 태도는 세 가지이다. 첫째, 속도를 내지 못할 때 다그치기보다 기다려 주는 태도. 둘째, 결과보다 과정을 인정하는 피드백. 셋째, "혼자 해라"가 아닌 "같이 해 보자"라는 말로 공동의 목표를 만드는 것이다.

진로 역시 유비형 아이에게는 혼자 정하는 것이 아니다. 부모가 자신의 진로를 이야기해 주고 멘토 역할을 할 수 있는 인물을 소개해 주거나 함께 탐색하는 과정이 중요하다. 동아리 활동이나 조별 탐구처럼 안정된 소속감을 느낄 수 있는 경험은 진로 탐색에 몰입하는 통로가 된다.

유비형 아이는 늘 이렇게 묻고 있다.

"나는 괜찮은 사람일까?"

"내가 지금 잘 가고 있는 걸까?"

이 질문에 부모가 해 줄 수 있는 답은 "네가 어떤 선택을 하든 나는 너를 믿고 응원하고 있어"라는 말이다. 감정을 알아주는 말 한마디, 눈을 맞추고 들어주는 자세, 결과보다 이유를 묻는 태도가 유비형 아이를 공부와 진로의 길로 이끄는 가장 강력한 힘이 된다.

팩트를 확인해야만 반응하는 아이

팩트를 확인해야만 반응하는 아이, 바로 노벨형 아이의 특징이다. 노벨형은 사고의 기초를 객관적인 근거와 논리적 타당성에 두는 유형으로 감정보다는 '왜?', '무엇 때문에?', '정확히 어떻게?'라는 질문에 반응한다. 이들은 말보다는 데이터, 격려보다는 구조, 분위기보다는 원칙을 중시하며 감성적인 접근보다 사실 기반의 소통을 선호한다.

이 아이들에게 "그냥 해 봐.", "열심히 하면 돼."와 같은 말은 설득력이 없다. 먼저 그 말이 논리적으로 타당한지, 근거가 충분한지를 확인하기 때문이다. 따라서 노벨형 아이와 소통할 때는 항상 팩트와 명확한 기준을 바탕으로 접근해야 하며 이는 부모가 자녀를 이해하고 지도하는 데 매우 중요한 시사점을 제공한다.

노벨형 아이들은 자신의 논리와 체계를 중요하게 여긴다. 규칙이 자주 바뀌거나 기준이 모호하면 혼란과 불신을 느낀다. "엄마 마음이니까"와 같은 감정적인 판단보다 일관된 기준과 논리를 바탕으로 설득하면 신뢰가 쌓인다. 예를 들어 "왜 오늘은 게임을 30분밖에 못 하는데요?"라는 질문에 "그냥 엄마가 보기엔 오늘은 그만하면 됐어."라고 답하면 갈등이 생긴다. 반면 "오늘은 학원 끝나는 시간이 평소보다 늦었고, 과학 탐구 과제 마감이 내일이라서 게임 시간을 30분으로 조정했어."라고 설명하면 납득한다.

이러한 성향은 학습 방식에도 드러난다. 노벨형 아이들은 '왜 공부해야 하는가'에 대한 이해 없이는 몰입하기 어렵다. 학습의 목적과 구조, 시간 배분, 기대 효과를 설명하고 스스로 그 타당성을 확인할 수 있도록 도와야 한다. 계획을 세울 때도 단순한 시간 분배보다 과목별 중요도와 학습량, 소요 시간 등을 예측하고 분배하는 데 의미를 둔다. 또한 이들은 비판적 사고력이 뛰어나지만 때로는 타협이 어렵고 집단 활동에서 고집스럽다는 평가를 받기도 한다. 따라서 자신의 입장을 명확히 표현하면서 타인의 관점을 이해하는 논리적 관용과 관점의 전환을 배우게 해야 한다.

부모가 자녀를 설득하고 방향을 제시할 때는 기준, 근거, 결과를 함께 제시해야 한다. 노벨형 아이들은 이 세 가지가 명확할 때 반응하고 자신의 행동을 조정하며 자율적인 판단을 키워 간다. 결국 노벨형 아이는 팩트를 통해 성장한다. 감정적인 공감보다 이성적인 설명을 통해 스스로 납득되고 판단할 수 있는 힘을 기르는 것이 노벨형 아이를 위한 가장 중요한 양육 태도이다.

현대형 아이는 외부 자극에 민감하게 반응하며 학습이나 활동에서 흥미와 재미를 핵심 동기로 삼는다. 이 아이들은 몰입의 전제 조건으로 재미 요소를 요구하며 지시나 과제만으로는 학습을 지속하기 어렵다. 즉각적인 보상과 흥미가 동기를 자극하며 게임, 유튜브, SNS 등 자극적인 콘텐츠에 빠르게 몰입하는 경향에서도 이러한 특성이 드러난다. 학습의 내재된 의미보다는 이야기 구조, 시각적 자극 등 외부 요소를 통해 동기를 유지하려는 경향이 있다.

이러한 이유로 반복 중심, 암기 중심의 전통적인 학습 방식에는 쉽게 지루함을 느끼고 학습 회피로 이어지는 경우가 많다. 그러나 흥미를 느끼는 주제나 방식에서는 높은 집중력을 보인다. 탐구 활동, 실험, 토론 수업, 프로젝트 기반 학습처럼 참여도가 높은 방식이나 이야기, 문제 해결 중심의 수업 방식이 효과적이다.

현대형 아이에게 '재미있다'라는 감각이 곧 학습 주도성과 연결되며 감정 상태가 몰입에 직접적인 영향을 미친다. 부모는 이를 산만함이나 의지 부족으로 오해하기 쉽지만 이는 성향의 차이일 수 있다. 현대형 아이에게는 주입식 교육보다 자극 기반의 탐구 환경이 더 적합하다. 따라서 아이가 흥미를 느끼는 지점을 관찰하고 이를 학습으로 연결해 주는 전략이 필요하다. 암기보다 이야기로 구조화하거나 실제 사례와 시뮬레이션으로 확장하는 방식이 효과적이다.

또한 보상 기반 루틴과 흥미 유발형 환경이 중요하다. 작은 성공을 반복해서 경험하게 해 학습 흐름을 유지해야 한다. 30분 집중 후

5분 보상, 학습 과정을 게임처럼 구조화하는 방식이 도움이 된다. 시각 자료, 도식, 마인드맵을 활용하고 읽기보다는 듣기, 보기 중심의 콘텐츠가 적합하다. '왜 공부해야 하는가'보다 '어떻게 하면 재밌게 할 수 있을까'에 초점을 맞추는 것이 효과적이다.

현대형 아이는 정서적 연결을 통해 학습의 의미를 찾는다. 부모와의 긍정적인 상호 작용과 감정적 공감이 뒷받침될 때 심리적 안정감과 자기 효능감이 높아진다. 칭찬 역시 결과보다 과정을 중심으로 해야 한다.

"끝까지 해냈다는 게 멋지다."와 같은 피드백은 현대형 아이들의 학습 동기를 지속시키는 중요한 힘이 된다.

리더는 나야 나, 무조건 반장을 해야 하는 아이

"리더는 나야 나!"를 외치며 앞에 나서는 아이들이 있다. 이들은 공동체 활동에서 중심에 서고자 하는 욕구가 강하며 반장이나 조장 역할을 자처하는 데 주저함이 없다. 이런 유형의 아이를 잡스형이라고 부른다. 잡스형 아이는 타인의 주목 속에서 에너지를 얻고 지시하고 주도할 때 안정감을 느낀다.

잡스형 아이의 가장 큰 특징은 지배 욕구와 통제 욕구다. 상황을 주도하지 못하면 불안해하고 자신보다 앞에 나서는 존재를 견디기 어려워한다. 이에 따라 협업보다는 리더십 발휘에 초점을 맞추는 경향이 강하다. 이러한 성향은 리더십 있다는 긍정적 평가를 받기도 하지만 지나치면 또래 관계에서 마찰을 일으킬 수 있다.

이 아이들은 칭찬에 매우 민감하다. 단순히 "잘했어"라는 말보다 "네 덕분에 이 팀이 잘 됐어"처럼 리더십과 책임감을 강조하는 피드백에서 강한 동기 부여를 얻는다. 반대로 인정받지 못한다고 느끼면 반발하거나 자기주장이 더 강해질 수 있다. 따라서 잡스형 아이에게는 권위 있는 지지자의 존재가 중요하다.

잡스형 아이는 규칙을 만들고 그 규칙을 적용하는 과정에서 성취감을 느낀다. 수업 시간에 리더 역할을 맡기거나 가정에서 동생을 돌보는 역할을 부여해 통제 욕구를 긍정적으로 활용하도록 돕는 것이 중요하다.

하지만 지나친 통제 성향은 타인의 감정을 살피지 못하게 하고 고집으로 이어질 수 있다. '내가 아니면 안 된다'라는 생각이 팀워크를 해칠 수도 있다. 이럴 경우 역할극이나 봉사 활동처럼 타인의 입장을 체험하는 경험을 통해 '함께'의 가치를 배우게 할 필요가 있다.

잡스형 아이의 자존감은 성취와 영향력에서 비롯된다. 따라서 실패를 피하게 하기보다 리더십이 실패할 수도 있다는 것을 이해시키고 그 과정을 인정해 주어야 한다. 반장 선거에서 떨어졌을 때 "너는 도전했기 때문에 더 멋지다"라고 말해 주는 것이다.

진정한 리더로 성장하기 위해서는 권한보다 책임을, 주도권보다 협력의 가치를 배우는 과정이 필요하다. 부모와 교사는 이 아이의 주도적 성향을 억누르기보다는 올바른 방향으로 안내하는 멘토 역할을 해야 한다.

진화하는 아이 미래를 위해 지켜야 할 것

"초등 저학년이라면(혹은 고학년이라면) 이런 책은 읽어야 해."

학년에 맞춰 아이에게 독서를 강권하는 부모들이 있다. 지식의 확장을 위해 수준과 시기에 맞는 독서를 하는 것은 매우 중요하다. 그러나 준비가 되어 있지 않은 아이들에게 의무적으로 해야 하는 독서는 고문일 수 있다.

현장에서 코칭을 하다 보면 독서량은 많지만 독해력이 현저히 낮은 아이들을 종종 만나게 되는데 이들 대부분은 강제 독서를 하는 경우다. 아이가 스스로 선택하고 도전할 기회를 잃은 채 정해진 틀 속에서 독서를 하게 되면 진정한 학습이 되지 않는다.

사람마다 좋아하는 음식이 다르듯 아이마다 선호하는 독서 장르가 다르다. 이는 단순한 취향의 문제가 아니라 성향에 따라 정보를 처리하는 방식과 흥미를 느끼는 영역이 다르기 때문이다.

잡스형, 상상과 스케일이 커야 읽는다

잡스형 아이들은 허무맹랑한 상상을 하기 좋아한다. SF, 판타지, 추리, 역사 장르를 선호하며 특히 역사도 스케일이 큰 사건이나 왕을 중심으로 전개되는 이야기를 좋아한다. 반대로 잔잔한 문학 작품이나 시, 고전을 권한다면 절대 읽지 않을 것이다.

중학교 2학년 세현이는 어머니가 추천한 《소나기》를 몇 달 동안 거의 읽지 못했지만 《해리포터》 시리즈는 한 달 만에 완독했다. 이는 독해력의 문제가 아니라 성향에 맞지 않는 책을 강요받았기 때문이다.

독서 장르는 각 성향이 선호하는 영역에서부터 확장되는 것이 자연스럽다. 잡스형 아이들은 국어 교과에서도 문학보다 비문학 영역을 더 수월하게 공부할 가능성이 높다.

노벨형, 지식 탐구가 곧 휴식

노벨형 아이들은 수학, 과학, 경영/경제 등 전문 도서나 다큐멘터리 성격의 책을 선호한다. 꾸며 낸 이야기보다 사실 중심의 지식 습득을 위한 도서들이다. 이들에게 독서는 휴식이다. 여행 갈 때나 명절에 친척 집을 방문할 때도 책을 챙기는 아이들이 바로 이 유형이다.

코칭 과정에서 노벨형 성향으로 진단되었는데도 독서량이 적다면 주변 환경을 살펴보아야 한다. 어릴 때부터 강제 독서를 했거나 독서토론 학원의 획일화된 커리큘럼대로 학습한 경우다. 실제로 노벨형 아이들은 대부분 독서량이 많다.

초등학생 서우는 한 달에 과학 도서만 15권 이상을 읽었지만 소설 읽기를 강요한 엄마의 잔소리에 독서 자체를 거부하게 되었다. 아이가 잘하고 있는 영역에 불필요한 개입이 동기를 꺾어 버린 것이다.

유비형, 이야기와 감정의 흐름을 좋아한다

유비형 아이들은 잔잔한 스토리가 있는 소설과 같은 문학 작품 또는 인물 간의 서사가 펼쳐지는 역사 장르를 선호할 가능성이 크다. 초등 고학년이나 중학생이 되면 로맨스 소설에 빠지는 경우도 흔하다. 이 시기 부모는 공부에 도움이 안 된다며 학업에 도움이 되는 책을 읽히려고 애쓰지만 충분히 읽고 나면 아이 스스로 다른 장르에 도전하게 된다. 때를 기다려야 한다. 다시 강조하지만 독서에도 순서가 있다.

중학교 1학년 민지는 6개월 동안 로맨스 소설만 읽었다. 어머니가 걱정했지만 개입하지 않고 기다린 결과 민지는 스스로 "이제 다른 책도 읽어 보고 싶다"라며 추리소설과 역사소설로 독서 영역을 확장했다. 우리 집에도 로맨스 소설에만 빠져 있는 중학생 딸이 있지만 나는 비슷한 장르의 책을 도서관에서 찾아다 주고 가끔 내용에 관해 묻고 들어줄 뿐이다.

현대형, 재미가 시작점이 되어야 한다

현대형 아이들은 기본적으로 책을 좋아하지 않는다. 이들에게 독서의 출발점은 '재미'다. 자발적인 독서를 기대하기보다는 웹툰이나 웹소설을 도구로 활용하는 것이 현실적이다. 《WHY》 시리즈 역시 이 아이들에게 적합한 책이다. 물론 조절은 필요하지만 웹툰을 통해 사고를 확장하는 것 자체를 무조건 막을 필요는 없다.

이 아이들은 2번 성향에 따라 독서 확장의 방향이 달라진다. 2번 성향이 잡스형이라면 SF, 판타지, 추리, 역사 장르로 확장될 것이고, 유비형이 2번 성향이라면 소설과 같은 문학 장르로 확장될 것이다.

기다려 주는 독서, 결국 독해력을 만든다

이제 눈치챘을 것이다. 독서 장르가 확장되는 데도 분명한 순서가 있다. 각 성향에서 나타나는 선호 장르를 충분히 거친 뒤 2번 성향의 장르로 자연스럽게 확장되고 있다면 아이의 독해력을 의심할 필요는 없다. 아이들은 자신이 편안하게 느끼는 영역에서 충분한 성공 경험을 쌓아야 새로운 영역으로 나아갈 수 있는 용기와 능력을 갖추게 된다. 강제로 확장하면 오히려 역효과가 난다.

영유아기에는 부모가 책을 선정하고 읽어 주거나 함께 읽기도 했다. 하지만 초등 저학년이 되면 읽을 책을 스스로 선택하도록 해야 한다. 그리고 그 시간을 기다려 주는 것이 무엇보다 중요하다.

기다려 주는 엄마와 답을 주는 엄마

　수년 전 EBS에서 한국 엄마와 자녀 10팀, 미국 엄마와 자녀 10팀을 대상으로 재미있는 실험을 했다. 10세 안팎의 아이들에게 간단한 단어 퍼즐 퀴즈를 내고 엄마는 옆에 앉아 지켜보도록 했다.

　미국 엄마들은 아이가 단어를 완성할 때까지 가만히 지켜보았다. 중간에 어려워하면 "괜찮아. 천천히 생각해 보렴."이라고 말하며 기다렸고 아이가 도움을 요청하면 그때 간단한 힌트를 주었다. 반면 한국 엄마들은 아이에게 생각할 시간도 주지 않았다. 2초도 못 참고 답을 알려 주거나 아이들이 틀릴까 봐 아예 정답을 말해 주는 엄마도 있었다.

　영상 말미에 가톨릭대 심리학과 정윤경 교수는 이 상황에 대해 이렇게 분석했다.

　"우리나라 엄마들은 성취의 과정보다는 성취의 결과를 더 중요시하는 것 같아요. 아이들이 자신의 과정을 갖고 있는데 엄마의 생각이 옳다고 생각하니까 '이렇게 해 봐, 저렇게 해 봐.' 이런 식으로 아이들이 생각하고 있는 과정을 방해한다든지 아이들의 자연스러운 생각 흐름을 막을 수가 있어요."

"책은 많이 읽어요."라는 말의 함정

　숙제를 제외한 한 달 독서량은 코칭 첫 미팅 때 학년에 상관 없이 하는 질문이다. 노벨형 아이들을 제외하고 한 달에 12권 이상 읽고 있다면 아이의 독서 시간이 어느 정도 습관화되어 있다고 본다. 노벨형 아이들은 20권 이상인 경우가 많다. 하지만 독서량이 많은데도 독서력이 의심스러울 때가 있다. 대부분 엄마나 선생님에 의해 수동적으로 독서를 하는 경우다. 독서 시간이 즐겁지 않다면 아이는 결국 스마트폰에서 도파민을 찾게 된다.

"얘는 책은 진짜 많이 읽어요."

독서량 질문에 엄마가 먼저 대답한다.

"어떤 책을 많이 읽어?"라고 아이에게 물으면 "그냥 읽어요. 책꽂이에 있는 책 순서대로."라고 말한다.

"그러면 최근 가장 재미있게 읽은 책은 어떤 책이야?"

"딱히 재미있게 본 건 없었는데…."

책 내용을 물어도 말끝을 흐리면서 이야기하지 못한다.

독서 시간은 있지만 실제로는 독서하지 않는 것과 같다. 책을 읽었다면 최소한 내용을 이야기할 수 있어야 한다. 재미있게 본 영화를 친구에게 추천할 때 간단한 내용과 함께 추천 이유를 말할 수 있지만 재미없었던 영화 내용은 말하기 힘든 경우가 많다.

독서도 마찬가지다. 내가 읽은 내용을 말이나 글로 구체적으로 전달할 수 있어야 독해력이 상승한다. 독서토론 학원, 논술 학원에 다니고 있는 아이 중에는 즐겁게 다니는 아이가 있지만 억지로 다니는 아이도 있다. 이런 차이가 생기는 이유를 아이의 성향과 수업 방식에서 찾을 수 있다. 노벨형 아이와 유비형 아이에게 토론 수업에 참여하라고 하면 이들은 괴로워한다. 잡스형 아이와 현대형 아이에게 글쓰기 수업에 참여하라고 하면 이들 또한 당장 그만두고 싶어 한다.

말하기가 먼저인 아이와 글쓰기가 먼저인 아이

독후 활동에도 순서가 있다. 어떤 아이는 독서 후 글쓰기를 먼저 해야 정리가 되고, 어떤 아이는 말로 먼저 풀어낸 뒤에야 글로 옮길 수 있다. 이 차이를 고려해 전자의 아이에게는 글쓰기 중심의 활동을, 후자의 아이에게는 말하기 중심의 환경을 만들어 주면 독후 활동에 훨씬 즐겁게 참여할 수 있다. 이 순서를 무시하고 똑같은 커리큘럼을 적용하거나 부모가 중요하다고 생각하는 방식을 강요하면 아이들은 성장하지 못한다. 오히려 독해력이 퇴화하는 경우도 있다.

또 한 가지 중요한 점은 독후 활동 이전에 책을 고르는 재미를 알아야 한다. 재미있을 것 같아 고른 책이 재미가 없다면 그 즉시 덮어도 괜찮다. 그래서 코칭 과정에서는 시간을 여유 있게 두고 재미있어 보이는 책 목록을 만들도록 한다. 인터넷 검색도 좋지만 도서관이나 대형 서점에서 직접 책 표지와 목차를 살펴보면서 고르는 것이 좋다. 책을 고르는 관점을 넓히기 위해서다.

직접 고른 책을 읽고 아이 스스로 재미 점수를 매겨 본다. 본인 기준으로 70점 이상이라면 독후 활동을 해 보기로 한다. 독후 활동이 싫어서 일부러 낮은 점수를 주는 것은 반칙이다. 기준을 넘긴 책이 나오면 노벨형과 유비형 아이들에게는 독서록 작성을, 잡스형과 현대형 아이들에게는 먼저 책 이야기를 나눈 뒤 독서록을 작성해 보라고 한다. 점수 기준은 전적으로 아이가 정한다. 이 순서는 매우 중요하다. 선택권이 있을 때 동기가 생긴다. 책 선택부터 독후 활동 여부까지 스스로 결정할 수 있을 때 진정한 학습 동기가 생긴다.

독서의 주인공은 아이, 부모는 조력자 역할만

독서의 중요성은 누구나 알고 있다. 그래서 학부모들은 어릴 때부터 독서토론 학원이나 논술 학원에 보내거나 전집으로 거실 한쪽 벽을 채워 놓고 뿌듯해한다. 하지만 그 전집을 읽히기 위해 아이와 실랑이를 벌이다가 결국 다시 중고 거래 시장에 내놓는다.

아이의 첫 독서에는 가이드가 필요하다. 다만 어느 정도 다독의 경험이 쌓인 후에는 아이가 스스로 재미있는 책을 찾아 읽도록 선택권을 주어야 한다. 아이가 반복해서 읽는 책이 생긴다면 그 장르 안에서 다른 책을 함께 찾아보는 것도 좋다.

이쯤이면 인정해야 한다. 아이의 성장을 돕기 위해서는 아이의 순서를 인지하고 따라가도록 기다려 주어야 한다는 사실을 말이다. 엄마의 판단으로 정한 순서는 오히려 아이의 성장을 방해하거나 더디게 할 수 있다. 아이에게 모든 것을 맡기라는 것이 아니다. 아이의 성향과 강점을 파악했다면 안내하고 기다려 주면 된다.

아이가 자신의 성향에 맞는 책을 충분히 즐기고 스스로 확장하고 싶어 할 때까지 기다려 주는 것이 가장 효과적인 독서 교육이다. 결국 독서는 외부의 강요가 아니라 아이의 선택과 흥미에서 출발할 때 진정한 독해력 향상과 사고력 확장으로 이어진다. 부모는 이 과정을 믿고 지켜보며 아이가 요청할 때 적절한 안내를 제공하는 조력자 역할을 해야 한다.

다름을 인정하면
오름을 맞이한다

'틀림이 아니라 다름이다'

살면서 참 많이 듣는 말이다. 이 말을 듣는 순간 인정하면서도 살아가면서 제대로 적용하지 못하는 경우가 많다. 이 말은 부모와 자녀 관계에만 국한되는 이야기도 아니다.

학부모 대상 강의에서 나의 신혼 시절 이야기를 종종 한다. 신혼임에도 불구하고 정반대의 성향을 지닌 아내와 매일 헤어질 결심을 했다. 이유는 단 하나. 다름을 틀림으로 받아들였기 때문이다.

그 사실을 깨닫고 나서야 아내의 모든 것이 이해되었다. 지금은 서로 맞추고 이해하며 큰 소리 없이 잘 지내고 있다. 자녀와의 관계에서도 마찬가지이다.

현장에서 학부모와 자녀를 만나 보면 갈등의 골이 깊어 보이는 경우가 종종 있다. 여러 요인이 있지만 가장 근본적인 원인은 서로의 다름을 인정하지 않는 데서 시작된다.

잡스형 엄마가 유비형 아이를 보면 느려 터진 모습에 속이 터질 것이다. 게다가 엄마는 그 답답함을 직설적으로 표현한다. 생각이 깊고 신중한 아이는 엄마가 무섭고 불편할 수 있다.

초등학교 5학년 예진이와 중학교 1학년 승진이 남매를 데려온 엄마가 있었다. 유형 진단 결과 엄마와 승진이는 잡스형, 예진이는 유비형이었다. 상담 내내 예진이는 내 질문에 거의 대답하지 않았다. 목소리를 알아듣기 어려울 정도였다. 옆에서 엄마와 승진이는 "말 좀 하라"며 답답해했다. 평소 집에서도 대답을 잘 안 한다고 덧붙였다. 예진이는 눈물을 뚝뚝 흘리면서도 끝내 입을 떼지 않았다. 엄마와 오빠 사이에서 참 힘들겠다고 생각했다.

"어머니, 예진이는 생각하고 있는 거예요. 그 시간을 기다려 주셔야 합니다."

"아니, 간단한 질문인데 그걸 왜 그렇게 오래 생각해요? 전 이해가 안 돼요."

"이해 안 되실 수도 있죠. 예진이한테는 그게 당연할 수 있어요."

"다른 사람이 답답해하면 본인도 노력해야죠. 밖에서 선생님이나 친구들이 얼마나 답답해하겠어요."

아이 앞에서 직설적인 표현을 마구 뱉어내는 어머니가 불편했다.

"질문을 한 사람이 내 대답을 어떻게 생각할까, 혹시 틀리면 어떡하지, 이런 생각들 때문에 선뜻 답하기가 어려울 거예요. 예진이가 다른 사람들보다 훨씬 착해서 그런 거예요."

어머니를 이해시키려고 애를 쓰는 와중 예진이는 나를 힐끗 보더니 더 많은 눈물을 쏟아냈다. 나는 예진이에게 실수해 보는 경험과 글 또는 그림으로 생각을 표현해 보는 미션을 주고 첫 미팅을 마무리했다.

그림과 시로 표현한 마음

다음 미팅에서 예진이는 조심스럽게 파일을 꺼내 본인이 그린 그림과 글을 보여 주었다. 시 한 편과 입을 벌리고 있는 엄마의 입 모양과 꾹 다문 본인의 입 모양이 나란히 그려져 있었다.

제목 : 내가 생각하는 것

엄마의 거침없는 물음에
내가 생각하는 대답이 나오지 않는다.

어른이 묻는 말에 반항하지 못해
내가 생각하는 답이 나오질 않는다.

내가 생각한 건 다 있는데,
내가 원하는 건 다 있는데,
입 밖으로 나오질 않는다.

예진이의 시와 그림을 본 엄마는 울음을 터뜨렸다. 나도 눈물이 났다. 상대적으로 드센 성향의 엄마와 오빠 사이에서 예진이가 얼마나 힘들었을지, 얼마나 외로웠을지 보이는 순간이었다.

유비형 아이에게 가장 필요한 것, 기다림

예진이 어머니는 그날 이후로 내 말을 듣기 시작했다.

유비형 아이들에게 가장 중요한 것은 물어봐 주고 들어 주는 시간이다. 하루를 어떻게 보냈는지, 학교와 학원에서 잘 보내고 왔는지 결과가 아닌 과정을 묻고 대답할 때까지 기다려 주는 것이다. 이 아이들은 생각을 충분히 하고 그 생각이 정리되어 안정감을 느낄 때 말이나 행동으로 표현한다.

실수를 두려워하기 때문에 실수해도 괜찮다는 경험을 많이 접해 봐야 한다. 이 성향을 잘못된 것으로 인식하게 되면 아이는 사소한 일에도 용기를 내지 못할 것이다.

노벨형 엄마와 현대형 아들의 충돌

중학교 2학년 현우의 엄마는 노벨형 성향이다. 엄마는 현우가 늘 못마땅했다. 현대형인 현우는 시험 기간에도 친구들과 농구하느라 늦게 들어오고 공부하는 모습을 본 적이 없는데 본인은 다 했다고 한다. 성격 좋다는 말을 많이 듣지만 엄마는 속이 타들어 간다.

매일 계획을 세우고 실천하는 엄마와 달리 현우는 계획을 짜는 데만 만족할 뿐 실천하지 않는다. 시험 성적이 바닥을 쳐도 "괜찮아. 다음에 잘 하면 되지 뭐."라며 초긍정적으로 넘어간다.

결국 엄마는 도저히 안 되겠다 싶어 현우를 가두기 시작했다. 밖에 나가지 못하게 하고 휴대전화를 압수했다. 시험 끝난 날에도 집에서 쉬라고 했다. 잡스형으로 진화하고 있던 현우는 결국 폭발하고 말았다. 주먹으로 방문을 때려 부수고 집을 나가 버렸다.

관심사는 이미 길을 알고 있다

"왜 이제 오셨어요?"

첫 미팅에서 나의 첫마디였다. 엄마와 갈등의 골이 깊어질 대로 깊어진 상태였지만 엄마와 함께 와 준 현우가 고마웠다. 나는 특별한 경우를 제외하고는 아이들 편을 든다. 아이들은 계속 변화하지만 부모는 그렇지 않은 경우가 대다수이기 때문이다.

현우는 진로 고민을 해 본 적이 없었고 공부는 지극히 의무적인 행위였다. 학원은 친구들 만나러 가는 놀이터였다. 나는 그것이 아주 자연스러운 모습이라고 말했다.

"그러면 도대체 어떡해야 해요?"

"그냥 놔두세요. 어머니께서 보살이 되셔야 해요."

현대형에서 잡스형으로 가는 현우를 가두는 건 사형 선고에 가깝다.

"현우야, 맘껏 놀아도 돼. 요즘 뭐가 제일 재밌어?"

"농구요. 직접 뛰는 것도 좋아하고 NBA 경기 보는 것도 정말 좋아해요."

"경기를 그냥 보는 거야? 아니면 분석도 해?"

"좋아하는 선수 경기력도 보고, 팀 이적이나 승률 같은 거 보는 것도 재밌어요."

"혹시 다른 스포츠도 좋아해?"

"유럽 리그 축구 보는 걸 좋아해요."

"이야, 다 새벽에 봐야 하는 것들이네. 이러니 공부할 수가 있나. 하하."

우리의 대화를 듣고 있던 현우 어머니는 한숨만 쉬었다. 그런 어머니를 못 본 척하고 대화를 이어갔다.

현우는 유럽 축구 선수들의 이적 시장에도 관심이 있었고 농구 경기에서 팀원 포지션 배치나 교체에도 관여를 많이 한다고 했다. 친구들도 자기 이야기를 잘 들어준다는 이야기도 덧붙였다.

"그건 네 의견이 타당해서겠지? 당연히 넌 말도 잘할 거고."

"글쎄요. 그런가?"

멋쩍게 웃는 아이에게 말했다.

"너 스포츠 에이전트 하면 정말 잘 어울리겠다. 생각해 본 적 있어?"

"아뇨. 근데 재미있을 것 같아요."

현우는 지금 스포츠마케팅과 심리, 통계를 공부하며 경영학과 진학을 준비하고 있다. 중학교 때 평균 B였던 성적은 고2가 된 지금 2등급까지 올라왔다. 위쪽 성향 밸런스를 가진 아이들은 관심사나 목표가 정해지면 누구보다 빠른 속도를 낸다.

아이의 속도를 인정할 때 시작되는 성장

부모와 성향이 다르다고 해서 혹은 성향을 잘 알지도 못한 채 부모의 말에 무조건 따르라고 요구하는 것은 아이에게 독이 된다. 아이에게는 각자의 속도와 방식이 있다. 시행착오가 곧 학습이 된다. 부모의 결정을 잘 따라오는 것처럼 보여도 본인의 속도를 찾거나 본인의 판단 욕구가 생기면 그때부터 다시 시작해야 할 수도 있다.

부모의 결정이 무조건 잘못되었다는 것이 아니다. 다만 아이의 생각을 묻고 존중해야 한다. 서툴러 보여도 생각이 없는 것이 아니다. 모든 아이는 잘하고 싶어 한다. 못하고 싶어 하는 아이들은 없다. 아직 고민의 깊이가 깊지 않을 수도 있고 생각이 짧을 수도 있다. 그것도 경험이다. 경험이 쌓여야 생각이 깊어지고 점점 더 바른 판단을 할 수 있지 않겠는가? 언제까지 부모님이 결정하고 도와줄 수 있을 것 같은가? 부모가 그 생각의 흐름을 방해해서는 안 된다.

의심하지 말자. '다름'을 인정하는 순간 '옳음'을 찾아내고, '오름'을 경험할 수 있다.

아이의 현재를 파악하는 자가 진단 테스트

	질문	매우 그렇다 (5점)	그렇다 (4점)	보통 (3점)	아니다 (2점)	전혀 아니다 (1점)
1	스스로 공부 계획을 세우고 실행한다.					
2	해야 할 일이 생기면 부모의 잔소리 없이 알아서 처리한다.					
3	학원 숙제보다 학교 수업, 예·복습을 더 중요하게 생각한다.					
4	계획이 어긋났을 때 스스로 조정한다.					
5	실수나 실패가 있어도 원인을 분석하려는 태도를 보인다.					
6	성취보다는 새로운 걸 배우는 과정을 즐긴다.					
7	점수나 경쟁 결과를 중요하게 생각한다.					
8	칭찬이나 보상보다 스스로 만족할 때 더 힘을 낸다.					
9	누가 시켜서 하는 공부보다 스스로 선택한 공부를 더 오래 지속한다.					
10	결과보다 과정에서 성장을 느낄 때 성취감이 높다.					
11	낯선 환경에서도 금방 집중한다.					
12	스트레스가 쌓여도 공부 루틴을 유지하려고 한다.					
13	피곤하거나 기분이 안 좋아도 계획을 지키려고 노력한다.					
14	결과가 잘 안 나올 때 감정보다는 문제를 해결하려고 한다.					
15	집중력이 끊기면 스스로 재정비할 수 있다.					
16	모르는 것이 생기면 스스로 찾아보는 습관이 있다.					
17	문제의 정답보다 '왜 그런지'를 궁금해한다.					
18	학습한 내용을 정리하거나 기록하는 습관이 있다.					
19	한 과목에 깊이 몰입해 탐구하는 걸 좋아한다.					
20	교과서를 중심으로 공부하려는 경향이 있다.					
21	실패했을 때 쉽게 포기하지 않는다.					
22	어려운 과제에 부딪혀도 '하면 된다'는 마음을 가진다.					

<table>
<tr><td rowspan="2"></td><td rowspan="2">질문</td><td>매우
그렇다
(5점)</td><td>그렇다
(4점)</td><td>보통
(3점)</td><td>아니다
(2점)</td><td>전혀
아니다
(1점)</td></tr>
<tr></tr>
<tr><td>23</td><td>친구보다 늦더라도 꾸준히 노력한다.</td><td></td><td></td><td></td><td></td><td></td></tr>
<tr><td>24</td><td>자신이 변할 수 있다고 믿는다.</td><td></td><td></td><td></td><td></td><td></td></tr>
<tr><td>25</td><td>문제 해결 후 '다음엔 더 잘할 수 있겠다'는 생
각을 한다.</td><td></td><td></td><td></td><td></td><td></td></tr>
<tr><td colspan="2">총점</td><td></td><td></td><td></td><td></td><td></td></tr>
</table>

● 결과 해석표

점수 구간	성향 유형	주요 특징	권장 지도 방향
105~125점	자기주도 성장형	계획-실행-성찰 루틴이 확립 되어 있다.	루틴 유지, 탐구 확장 중심 '깊이형' 학습으로 전환
85~104점	균형형 탐색자	자기조절력은 있으나 외적 동기에 의존하는 경향도 보인다.	내적 동기 자극을 위한 '질문 중심 학습' 유도
65~84점	동기 요동형	감정 기복에 따라 집중력 변화가 크다.	감정일기, 짧은 루틴 형성 훈 련 필요
45~64점	의존형 학습자	지시가 없으면 학습을 유지하기 어렵다.	'함께 계획-분리 실행' 단계로 점진적 전환
25~44점	무기력 회피형	학습 흥미가 낮고 실패 회피 경향이 강하다.	작은 성공 경험, 감정 코칭 중심 피드백

- 총점을 합산해 결과표에 따라 유형을 확인한다.
- 동일 점수라도 아이의 감정 패턴과 학습 습관에 따라 해석이 달라질 수 있다.
- 결과를 '진단'이 아니라 '대화의 출발점'으로 활용하는 것이 핵심이다.

진로는 방향의 문제, 학습은 추진력의 문제다. 부모는 방향을 제시하기보다 아이의 현재 위치를 객관적으로 읽어 주는 역할을 해야 한다. 이 테스트의 핵심은 부족한 점을 찾는 것이 아니라 잠재 가능성을 읽는 것이다. 아이의 성향을 이해하면 진로 상담과 학습 코칭이 훨씬 현실적이고 지속 가능해진다.

3장

중학생, 지금이 진로를 찾을 때다

성향별 딱 맞는 진로와 직업

　　이제 아이의 성향이 보일 것이다. 동시에 아이가 어느 방향으로 진화하고 있는지도 보일 것이다. 아이의 1번 성향과 2번 성향은 진로를 판단하는 데 매우 중요한 기준이 된다. 그렇다고 반드시 1번 성향을 중심으로 진로를 정해야 한다거나 2번 성향에 맞추어야 한다는 규칙이 있는 것은 아니다. 아이는 성장하면서 사고의 틀이 확장되고 성향 또한 달라질 수 있다.

　　다만 현재 아이의 상태를 정확히 파악하고 어느 분야로 관심을 확장해 나갈지 계획하는 것이 중요하다. 여기서는 그 계획을 위한 기본적인 내용을 다루고자 한다.

성향 그래프로 보는 1차 진로 방향

성향 그래프에서 주력 성향 1번과 2번이 왼쪽으로 치우쳐 있는 아이들은 수리 영역, 즉 수학과 과학 영역을 더 편하게 느끼고 선호하는 경향이 있다. 반대로 오른쪽으로 치우쳐 있는 아이들은 언어 영역을 좀 더 선호하고 수월하게 여기는 경향이 있다.

아주 단순하게 1차적 분류를 한다면 왼쪽 성향의 아이들은 이과, 오른쪽 성향의 아이들은 문과가 잘 맞을 것이다. 다만 1번 성향과 2번 성향이 왼쪽과 오른쪽에 걸쳐 있다면 이때는 2번 성향을 주의 깊게 살펴볼 필요가 있다.

진로와 직업을 구분해야 하는 이유

이제 성향별로 어울리는 진로와 직업군에 대해 알아보자.

'법조인'은 직업일까? 진로일까?

'경찰'은 직업일까? 진로일까?

코칭적 관점에서 보면 경찰과 법조인은 진로이다. 법조인 영역 안에 속하는 검사, 변호사, 판사가 직업이다. 성향과 관계없이 누구나 법조인이 될 수 있다. 하지만 검사는 잡스형이, 변호사는 현대형 또는 유비형이, 판사는 노벨형 또는 유비형이 어울린다. 유비형 아이에게 검사는 너무 힘든 직업으로 느껴질 가능성이 크다.

경찰도 마찬가지다. 마약반이나 형사과처럼 현장에 나가 몸을 쓰는 분야는 잡스형과 현대형이, 세밀하게 관찰하고 수사를 해야 하는 과학수사대 또는 프로파일러라면 노벨형과 유비형이 더 어울린다.

"저는 꿈이 공무원이에요."라고 말하는 대부분의 아이는 유비형일 가능성이 크다. 반면 어릴 적 꿈이 대통령이라고 말하는 아이였다면 잡스형일 가능성이 크다. 소방관이 꿈이라고 하는 아이 중 잡스형은 소방관이 멋있어서, 유비형은 남을 위해 희생하는 직업이어서라고 말하는 것처럼 성향에 따라 꿈을 선택하는 이유도 다르다.

성적만으로 결정한 진학의 위험성

지원이는 중학교 내내 최상위권을 유지하던 아이였다. 학원 선생님들의 과학고 진학 권유로 부모님과 함께 상담을 왔고 성향 진단을 해 보았다. 지원이는 전형적인 오른쪽 성향(1번 유비형, 2번 현대형)이었다. 진단 결과뿐 아니라 인터뷰에서도 아이의 성향을 확인할 수 있었다.

지원이는 유비형의 성실함으로 성적을 잘 유지하고 있었지만 희망 진로는 없었다. 무엇을 결정하는 데 항상 어려워했고 중요한 결정은 부모님이 대신해 주고 있었다. 과학고 진학 역시 '주변에서 추천하니까 그래야 하나'라고 생각한 거지 본인 의지는 보이지 않았다.

일반고 진학에도 마찬가지지만 특목고나 자사고 진학은 반드시 진로 결정이 전제되어야 한다. 조심스럽지만 단호하게 과학고 진학은 더 고민해 보자고 지원이 부모님께 말씀드렸다. 하고 싶은 것을 찾는 것이 우선이고 특목고 진학 여부는 그 후에 선택해야 한다고 덧붙였다. 또 지원이는 이과보다 문과 성향이 더 짙어 보인다고도 덧붙였다.

부모님 역시 어느 정도 인정을 하면서도 "문과는 보내고 싶지 않다"라고 했다. 지원이에게 물어보니 모르겠다고 하면서도 어른들이 문과는 가지 말랬다고 한다.

목표 없는 특목고 진학이 남긴 상처

이전에 비슷한 성향의 아이가 과학고에 진학했다가 1학년 2학기 때 일반고로 전학한 사례도 있었다. 그 아이는 현재 경영학과에 진학해서 대학 생활을 하고 있다. 단순히 성적이 좋다고 해서 과학고나 영재학교 진학을 고민한다면 큰 오산이다. 아이의 성향을 정확히 파악하고 아이의 진로 의지가 분명하다면 적극적으로 도울 수 있다.

특목고 진학 상담을 오는 대부분의 부모님은 선행 여부 때문에 고민한다. 중요한 고민거리이지만 그보다 먼저 고민해야 하는 부분이 있다. 일반고보다 몇 배는 더 치열한 내신 경쟁과 심화 수업 및 탐구 활동을 잘 해내려면 강한 멘탈이 필수이다. 멘탈은 '목표'에서 나온다. 목표 없이 일반고보다 나을 것 같아서 한 선택이라면 중도 하차 가능성이 높아진다.

얼마 전 전사고 2학년인 명진이와 어머니가 나를 찾아왔다. 명진이가 다니는 학교는 대한민국에서 의약학 계열 진학률이 가장 높은 고등학교다. 2학년 1학기가 끝난 시점 명진이는 완전 무기력한 상태였다. 전국 단위 자율중학교에 진학해서 지금까지 쭉 기숙사 생활을 해 온 명진이는 아래쪽 성향(1번 유비형, 2번 노벨형)이 두드러지는 아이였다.

"초등학교 6학년 때 부모님과 떨어져 기숙사 생활을 해야 한다고 생각했을 때 기분이 어땠어?"

"너무 겁이 났고 싫었어요."

"그런데 왜 그 중학교를 선택했어?"

"엄마가 가라고 해서요."

"고등학교는?"

"고등학교도 제가 선택한 게 아니었어요. 지금은 공부를 왜 해야 하는지도 모르겠고 성적 때문에 스트레스도 받고… 이제 아무것도 하고 싶지 않아요."

일부러 엄마 들으라고 한 말이었다.

원래는 2학기부터 학생부 관리 코칭을 받기 위해 나를 찾아왔지만 나는 명진이에게 이번 여름방학 동안 충분히 혼자만의 시간을 가져 보라고 조언했다. 부모님 눈치 보지 말고, 스스로에게 진지해지는 시간을 보내라고 강조했다. 무엇을 하면 행복한지, 요즘 재미있는 것이 무엇인지, 내가 좋아하고 잘하고 싶어 하는 것은 무엇인지 생각해 보라고 했다. 이런 생각과 함께 읽고 싶어지는 책도 찾아보라고 했다. 다시 만나게 된다면 어떤 책이었는지, 왜 재미있었는지 이야기해 달라고 했다. 고2 여름방학, 입시만 놓고 보면 가장 중요한 시기일 수 있지만 나는 명진이에게 여름방학을 그렇게 보내라고 했다. 명진이 엄마에게 건네고 싶었던 말이었다.

문과, 이과 구분보다 중요한 것

아이가 문과 성향인지, 이과 성향인지 파악하는 것은 중요하다. 그러나 진로를 결정하는 데 있어서 결정적 요인은 아니다. 기본적으로 파악해야 할 요소일 뿐이다. 문과 성향에서 이과 성향으로, 이과 성향에서 문과 성향으로 확장해 갈 수도 있다. 그 길은 부모님이 만들어 줄 수 있는 것이 아니다. 아이가 스스로 확장해 나갈 때 진짜 목표가 생긴다.

목표가 생긴 아이가 특목고나 자사고에 진학하면 성적이 낮아도 버틸 수 있다. 그것도 아주 재미있게 잘 버틴다. 그 힘을 기를 수 있는 기반이 이미 만들어졌거나 만들어질 가능성이 보이는 아이라면 나는 적극적으로 진학을 권유하고 도와준다. 그러나 부모의 의지대로 끌려온 아이들은 3년을 버티기 어렵다. 설령 버텼다고 해도 대학 가서 무너진다. 목적 없이 공부해 온 자신에게 실망하거나 자책하는 순간이 오기 마련이다.

영화 한 편,
진로를 여는 시작점

'아이가 재밌어했던 영화 하나가 아이의 진로를 결정짓는 시작점이 될 수 있다.'

처음 이 말을 떠올렸을 때는 과장처럼 느껴졌다. 하지만 현장에서는 생각보다 많은 아이가 영화 한 편을 계기로 삶을 고민하고 관심을 발견하며 공부를 시작한다.

아이에게 영화는 단순한 오락이 아니다. 세상을 배우는 창이자 자신의 관심을 비추어 보는 거울이 되기도 한다. 호기심은 학습의 가장 강력한 동력이고, 영화는 그 호기심을 자극하는 최고의 매체 중 하나다. 복잡한 세상의 문제를 짧은 시간 안에 압축해 보여 주고 감정적 몰입을 통해 아이들의 마음을 움직인다.

결정적인 차이는 부모의 접근 방식에 있다. 같은 영화를 보더라도 어떤 아이는 '그냥 재미있었다'로 끝나지만 어떤 아이는 '그 장면이 왜 인상 깊었는지', '그 주제가 현실에서 어떤 의미를 가지는지'를 고민하며 질문하고 탐색을 시작한다. 이 차이는 좋은 루틴의 유무에서 비롯된다.

여기에서 소개할 루틴은 바로 그 흐름을 따라가는 여정이다.

[1단계] 영화 감상, 감정을 나누는 대화에서 시작된다

많은 부모가 '무슨 공부를 해야 하나'에 집중하지만 진짜 공부는 '무엇에 감정을 느끼는가'에서 시작된다. 아이가 좋아하는 영화를 함께 보며 어떤 장면에 웃고, 어떤 장면에 슬퍼하는지 부모는 그 감정의 진동을 읽어야 한다.

"왜 그 장면이 좋았어?", "너라면 어떻게 했을 것 같아?", "혹시 비슷한 경험 있어?" 같은 질문은 아이가 자신의 감정을 언어화하는 데 도움을 준다. 그 언어가 곧 사고의 출발점이 된다. 이때 중요한 것은 정답을 요구하는 것이 아니라 아이의 시선과 감정을 들어주는 태도다. 이것이 바로 탐구의 문을 여는 열쇠다. 단 한 장면이라도 감정이 깃들면 충분하다.

중학교 1학년 정민이는 영화 〈굿 윌 헌팅〉을 보고 "저렇게 똑똑한 사람이 왜 자신을 믿지 못할까?"라는 질문을 던졌다. 이 질문을 함께 고민한 결과 아이는 심리학에 관심을 갖게 되었다. 영화를 보고 끝났다면 그냥 지나갔을 순간이었지만 감정을 나누는 대화가 있었기에 가능한 일이었다.

[2단계] 관심사를 확장해 주는 지적 자극이 필요하다

아이의 마음이 반응한 포인트가 있다면 그 관심은 확장되어야 한다. 이때 부모는 그 영화에서 파생되는 다양한 주제를 준비해 줄 수 있다. 환경 오염을 주제로 한 영화에 감동했다면 미세 플라스틱이나 해양 생태계, 제로웨이스트 운동 같은 이슈를 자료로 보여 준다.

유튜브 영상, 짧은 콘텐츠, 인포그래픽 등 아이가 좋아하는 가벼운 콘텐츠로 시작해 보는 것도 좋다. 그 후 다큐멘터리나 TED 강연, 청소년용 교양서를 통해 조금씩 깊이 있게 생각할 수 있는 발판을 마련한다. 여기까지 오면 아이는 스스로 호기심을 가지기 시작한다.

'왜 그런 문제가 생겼을까?'

'나는 무엇을 할 수 있을까?'

이런 질문이 떠오른다면 다음 단계로 갈 준비가 된 것이다.

[3단계] 글로 정리하는 힘이 아이를 다르게 만든다

확장된 관심은 기록해 보는 것이 중요하다. 단순한 감상문이 아니라 400자 이내 요약, 다섯 가지 핵심 키워드 추출, 가장 궁금한 질문 만들기. 이 세 가지만 반복해도 정보 처리 능력과 사고의 구조화가 향상된다.

그다음 단계는 글쓰기다. 스스로 만든 질문에 대해 생각을 쓰게해 보자. 처음에는 서툴고 문장도 엉성하겠지만 아이만의 시선이 담겨 있다. "왜 그런 생각을 했어?", "이 말은 무슨 뜻이야?"라고 묻다 보면 아이는 점점 자신만의 언어로 사고를 표현하는 힘을 갖게 된다. 이 과정은 탐구보고서, 자소서, 면접 답변과 완벽하게 일치한다. 학생부를 채우는 단순한 기록이 아니라 진짜 자기 생각이 담긴 기록이 된다.

[4단계] 학교 수행과 탐구로 연결하라

아이의 관심과 기록은 자연스럽게 학교 활동으로 이어질 수 있다. 환경 문제에 관심이 생겼다면 통합사회, 과학, 기술·가정 등의 수행평가에서 '플라스틱 분해 문제와 생분해 플라스틱의 한계', '제로웨이스트 도시를 위한 정책 제안'과 같은 주제를 다룰수 있다. 동아리 활동에서도 그 주제를 발전시킬 수 있다. 관련영상 제작, 캠페인 기획, 인터뷰 프로젝트 등으로 연결되는 활동은 모두 학생부의 이야기가 된다. 더불어 진로탐색 시간이나 학급 토론에서도 해당 주제를 꺼내 스스로 발표하거나 친구들과의견을 나눌 수 있다.

처음에는 영화 한 편이었지만 어느새 하나의 학습 프로젝트가된다. 중학교 3학년 영서는 영화 〈히든 피겨스〉를 보고 수학의사회적 역할에 관심을 가졌다. 수학 수행평가에서 '암호학과 정보 보안'을 주제로 발표했고, 동아리에서는 '수학이 바꾼 세상'이라는 프로젝트를 진행했다. 진로탐색 시간에는 '수학 교사'라는 꿈을 발표하며 수학을 통해 사회 문제를 해결하고 싶다는 비전을 제시했다. 이 모든 활동이 학생부에 일관된 스토리로 기록되었고 결국 영서는 수학교육과에 합격했다.

진짜 탐구는 재미에서 시작된다

진짜 탐구는 흥미에서 출발한다. 이 루틴의 가장 큰 장점은 부담이 없다는 것이다. 시작은 함께 영화를 보는 것이지만 아이가 스스로 느끼고 질문하고 탐색하면 학습의 깊이는 상상 이상으로 확장된다.

부모는 그저 아이의 감정을 묻고 아이의 생각을 받아 줄 준비만 되어 있으면 된다. 내재적 동기는 바로 이런 과정에서 생긴다. 외부의 강요가 아닌 스스로의 호기심과 흥미에서 출발한 학습은 오래가고 깊어진다.

수행평가, 탐구보고서, 학생부, 면접 등 정답이 없는 입시를 위해 준비해야 하는 것은 아이의 질문하는 힘이다. 그 질문은 '재미'에서 시작되며 부모와 함께 본 한 편의 영화가 가장 좋은 출발점이 될 수 있다.

사례 중심 진로 탐색법

호기심 대마왕 5학년, <인터스텔라>에서 《코스모스》까지

초등 4학년 겨울, 처음 만난 지후의 보고서를 보고 깜짝 놀랐다. 기차에 관심이 많은 아이였는데 단순히 기차를 좋아하는 것이 아니라 기종의 변천사부터 제원까지 직접 그림을 그리거나 자료 수집을 통해 보고서 형태로 정리해 왔다. 딸아이에게 소개해 주고 싶을 만큼 배울 점이 많은 아이였다.

기차에 대한 관심은 이동 수단 전체로 넓어졌고 우주까지 확장되었다. 그러던 중 영화 <인터스텔라>를 본 후 지후는 시공간에 대한 호기심을 갖게 되었다. 그리고 자연스럽게 '상대성 이론'에 대한 질문을 하기 시작했다.

우리는 함께 자료를 찾아보고 다음 미팅에서 각자 이해한 내용을 이야기해 보기로 했다. 지후는 유튜브 검색은 물론이고 우주를 소재로 한 영화 〈마션〉까지 찾아보며 두 영화의 비슷한 점과 차이점 등을 정리해 왔다. 영화 속에 담긴 과학 이론의 공통점을 설명하며 태양계에 대해 흥미가 생겼다고 했다. 나는 칼 세이건의 《코스모스》를 추천했다. 사실 이 책은 너무 어려워서 나는 중도에 읽기를 포기한 책이다. 지후에게 읽다가 너무 어려우면 《청소년을 위한 코스모스》를 읽어도 좋을 것 같다고 이야기해 주었다.

다음 미팅 날, 지후는 두꺼운 《코스모스》를 들고 왔다. 책 속 여러 공식을 설명해 주었고 그 공식들을 좀 더 깊이 이해하고 싶어서 관련 수학 도서도 찾아보았다며 여러 권의 책을 꺼내 보였다. 초등학교 5학년의 지적 호기심이 이 정도라니 감탄하지 않을 수 없었다. 이전에는 한 번도 본 적 없는 경우였다.

노벨형인 지후에게는 자연스러운 현상일 수 있지만 또래 친구들에게는 미움을 사기도 했다. 그러나 다행히 지후는 크게 신경 쓰지 않았다. 나는 지후를 '동급 최강'이라고 표현했다. 지후는 자연스레 NASA에서 우주를 연구하고 싶다는 꿈이 생겼고 진로 방향도 정해졌다. 탐구 역량이 남다르다고 판단해서 전국 단위 자율중학교 진학을 준비했는데 자소서와 면접 준비 과정 또한 또래 친구들과는 달랐다.

합격을 의심하지 않았지만 면접운이 좋지 않았다. 이틀 동안 치러진 면접에서 면접관은 자소서에 있는 내용이 아닌 기숙사 생활에 관한 질문만 하고는 서둘러 마무리했다고 했다. 면접 직후 울면서 전화한 지후를 달래 주었지만 불안한 마음을 감출 수 없었고 결과 역시 불합격이었다.

지후는 지금 과학고 준비를 하고 있다고 한다. 물리적 거리 때문에 코칭하고 있지는 않지만 아이의 역량은 사라지지 않을 것이다. 노벨형은 목표가 생기면 최상위권을 절대 놓치지 않는다.

인간과 자연 그리고 환경에 대한 관심으로 생물학자를 꿈꾸다

고등학교 진학을 앞둔 중3 가을에 처음 만난 세영이는 수줍음이 많고 말이 없었다. 질문에 짧은 단답형으로만 대답했다. 세영이의 성향은 유비형, 노벨형이었다.

어머니는 외고 진학을 원했지만 세영이는 진로에 대해 고민해 본 적이 없었다. 원서 접수까지 한 달밖에 남지 않은 상황에서 아이를 설득해 주기를 원했지만 아이는 정작 안심하는 눈치였다.

성적은 곧잘 나왔다. 학원에 다니며 기본적인 성실함을 갖추고 있었지만 그게 전부였다. 세영이는 무기력해 보였고 숙제와 시험 외에는 의지가 없었다.

두 번째 미팅에서 세영이와 단둘이 만났을 때 그림 그리는 시간을 좋아한다는 사실을 알게 됐다. 대부분의 여가 시간을 그림 그리며 보낸다고 했다. 그런데 미술을 전공하고 싶은 건 아니라고 했다.

다행히 독서도 조금씩 꾸준히 하고 있었는데 문학 위주였지만 장르는 다양했다. 다만 자기 이야기를 잘하는 편이 아니라 세영이에 대해 파악하는 것이 쉽지 않았다.

결국 세영이는 일반 여고에 진학했다. 입학 전 교과서 리딩과 관심 키워드 찾기를 미션으로 주었지만 뚜렷한 성과는 없었다. 그러다 학교에서 수행평가처럼 스스로 주제를 정해야 하는 것들이 생기면서 질문하기 시작했다.

"진로가 없어요. 어떻게 해야 할지 모르겠어요."

지금까지 읽은 책들과 나눈 대화를 기반으로 '인간, 식물, 자연, 환경'이라는 키워드를 정리해 주었다. 문학 작품 속 인간의 심리와 갈등, 그림 속 식물과 자연, 지나가다 꽃집에 들어가 구경하던 습관, 환경 단원에 대한 흥미까지 모두 연결되는 지점이 있었다.

이 키워드를 바탕으로 수행평가마다 소주제를 찾아 기록하기 시작했고 인간과 식물의 소통을 다룬 식물학자의 책에서 세영이는 깊은 흥미를 느꼈다. 이후 '우드 와이드 웹Wood Wide Web'이라는 개념을 탐구하면서 식물학에 본격적으로 빠져들게 되었다.

세영이는 최근 개봉한 영화 〈아바타3〉를 보고 깜짝 놀랐다고 한다. 자신이 탐구하던 우드 와이드 웹 이론이 영화 세계관과 스토리 구성에 적용된 것을 발견했기 때문이다. 그 후로 더 깊게 탐구할 계획을 갖고 있다며 눈을 반짝였다.

세영이는 지금 생명과학과 그중에서도 인간 중심이 아닌 식물과 자연을 다루는 생태학을 진로 목표로 정했다. 생태학 커리큘럼을 갖춘 상위권 대학 진학을 목표로 스스로 일정을 짜 열심히 공부하고 있다.

사례들이 보여 주는 것은 진로 탐색이 거창한 것에서 시작되지 않는다는 점이다. 한 편의 영화, 하나의 호기심, 작은 질문에서 시작된 탐구가 아이의 인생을 바꿀 수 있다. 중요한 것은 부모가 그 순간을 놓치지 않고 아이의 호기심을 지지하고 확장해 주는 것이다.

영화는 단순한 오락이 아니라 아이들에게 세상을 바라보는 새로운 창이 된다. 부모가 함께 보고, 함께 이야기하며, 아이의 감정과 생각을 존중해 줄 때 그 경험은 아이의 미래를 여는 열쇠가 될 수 있다. 결국 진로 탐색의 핵심은 아이 스스로 질문하고 탐구하며 성장하고 싶어 하는 마음을 키우는 데 있다. 그 마음은 재미와 흥미에서 시작된다.

부모는 그 시작점을 함께 만들어 주고 아이가 스스로 걸어갈 수 있도록 지지해 주면 된다. 방향을 잡고 목표를 향해 가고 있다는 생각이 들면 아이는 스스로 속도를 낼 것이다.

성향별 수업 환경과 스트레스 관리법

진로를 정했다는 것은 방향을 정했다는 말이다. 이제 그 방향을 향해 속도를 내야 할 차례다. 공부는 모두에게 평등하지 않다. 같은 과목, 같은 교재로 수업을 들어도 어떤 아이는 눈을 반짝이고 어떤 아이는 지루해한다. 반복 학습을 좋아하는 아이가 있는가 하면 새로운 자극이 없으면 집중하지 못하는 아이도 있다. 이 차이의 핵심은 '성향'에 있다.

성향에 따라 수업 방식과 공부 환경, 스트레스 관리 방식이 달라진다. 이 차이를 이해하고 준비해야 한다. 성향은 그저 타고난 기질이 아니라 아이가 세상을 받아들이고 학습 자극에 반응하는 방식이다. 어떤 조건에서 몰입하고 성장하는지 알려 준다. 따라서 제대로 속도를 내기 위한 학습 전략은 누구에게나 맞는 답을 찾는 것이 아니라 각 성향에 맞춘 설계이어야 한다.

재미와 자극이 공부의 연료가 되는 아이

● 수업 환경

현대형 아이는 참여 중심 수업에서 강점을 보인다. 실습, 체험, 발표 활동이 많은 수업에서 집중력과 몰입도가 높아진다. 정적인 강의식 수업에서는 쉽게 지루함을 느낀다. 수업 중 질문을 많이 하고 토론이나 그룹 활동에 적극적으로 참여한다. 교사와의 상호 작용이 활발할수록 학습 효과가 높아지지만 조용히 앉아서 듣기만 하는 수업은 고문과 같다.

역사 수업에서 단순 암기에 어려움을 겪었던 은찬이는 역사 인물 역할극 활동에서는 탁월한 몰입도를 보였다. 조선시대 인물이 되어 당시 상황을 재현하면서 자연스럽게 역사적 배경과 인물의 특성을 이해하게 되었다.

● 학습 전략

다양한 멀티미디어 자료, 이야기 기반 콘텐츠를 활용하는 것이 좋다. 주제에 따라 영상 시청 → 요약정리 → 관련 책 읽기 → 나만의 콘텐츠 제작 순으로 학습을 구조화하면 몰입이 깊어진다. 같은 내용이라도 다양한 방식으로 접근할 때 학습 효과가 극대화된다.

수학의 이차함수를 배울 때 단순히 공식을 외우는 것이 아니라 농구공의 궤적을 분석하거나 건축물의 아치 구조를 살펴보는 등 실생활과 연결해서 학습하면 효과적이다. 이후 직접 그래프를 그려

보고 친구들에게 설명하는 발표 활동까지 연결하면 완벽한 학습 사이클이 완성된다.

● 스트레스 관리

반복적인 문제 풀이와 암기식 수업은 오히려 피로를 유발한다. 목표를 게임처럼 설계하거나 보상 시스템을 활용해 동기를 유지해야 한다. 장소와 도구를 자주 바꿔 주는 것도 집중에 도움이 된다. 이 아이들에게 지루함은 가장 큰 스트레스다.

학습 계획을 세울 때도 한 과목을 오랫동안 하기보다는 여러 과목을 번갈아 가며 하고 체크리스트나 진도표를 활용하면 성취를 눈으로 확인할 수 있어 동기 유지에 도움이 된다.

잡스형

목표가 분명해야 달리는 아이, 경쟁과 인정이 연료가 된다

● 수업 환경

이 아이들은 경쟁 요소가 있는 상황에서 더 집중하며 발표 기회나 성과가 분명히 드러나는 수업에서 에너지를 낸다. 교사의 인정이나 친구의 평가에 민감하게 반응하고 수업 중 답을 먼저 말하거나 프로젝트에서 리더 역할을 자처한다. 성취 결과가 공개되는 환경을 선호하며 자신의 실력이 드러나는 것을 두려워하지 않는다. 실제로 영어 수업에서 개별 학습보다는 팀 대항 퀴즈나 발표 대회에서 훨씬 높은 집중력과 성과를 보이는 경향이 있다.

● 학습 전략

도전 목표와 기록 중심의 학습 계획이 효과적이다. 학습 결과를 기록으로 남기고 성과를 측정할 수 있게 도와주는 것이 중요하다. 발표 중심의 프로젝트 활동에서 높은 성취를 보인다. 목표 지향적 학습자에게는 명확한 성취 기준과 피드백이 필수다.

'열심히 하자'보다는 '이번 주에 영어 단어 100개 암기', '수학 문제집 2단원 완주' 같은 구체적 목표가 효과적이다. 학습 기록표를 통해 성취 과정을 시각화하고, 목표 달성 시 보상을 주는 시스템도 좋다. 자신의 학습 과정을 가족이나 친구에게 발표하는 기회를 만들어 주면 동기가 더 강화된다.

● 스트레스 관리

이 아이들에게는 결과에 대한 칭찬과 인정이 중요하다. 인정받지 못하면 스트레스받고 무기력해질 가능성이 크다. 이럴 때는 맛집 탐방, 여행, 지역 축제나 전시장 방문 등으로 스트레스를 풀어야 한다. 밀폐된 공간보다 개방된 장소에서 멍때리는 시간을 갖는 것도 좋다.

논리적 설명이 필요한 아이, '왜?'가 해결되어야 움직인다

● 수업 환경

노벨형은 수업의 구조와 논리적 흐름이 명확할수록 몰입도가 높아진다. 감성적 접근보다는 분석적이고 체계적인 설명을 선호하며 설명에 비약이 생기면 쉽게 집중을 잃는다. "왜 그런가요?"라는 질문을 자주 하고 원리를 이해하지 못하면 다음 단계로 넘어가지 않으려 한다.

교사의 설명이 논리적이지 않거나 근거가 부족하면 흥미를 잃는다. 수학 공식 같은 경우 단순 암기가 아닌 공식의 유도 과정을 자세히 설명해 주면 빠르게 이해하고 응용까지 해낸다.

● 학습 전략

문제를 풀기 전 '왜 이 문제를 푸는가'를 먼저 이해해야 한다. 질문노트와 탐구노트를 함께 활용하면 탐구력과 사고력을 동시에 확장할 수 있다. 글쓰기와 발표보다는 개념 정리와 도식화를 활용한 학습이 잘 맞으며 체계적 구조화가 핵심이다. 마인드맵, 개념도, 플로차트 등을 활용해 지식을 구조화하는 학습법이 효과적이다.

역사를 배울 때도 사건 나열보다 원인-과정-결과의 논리적 연결고리를 찾아 정리하는 방식이 좋다. "왜 이런 일이 일어났을까?", "다른 선택을 했다면 어떻게 되었을까?" 같은 질문을 스스로 던지고 답하는 과정이 중요하다.

● 스트레스 관리

억지로 시키거나 감정적으로 몰아붙이는 말은 금물이다. 계획을 직접 세우고 피드백을 이성적으로 받을 수 있도록 구조화된 환경이 필요하다. 논리적 설득에는 잘 반응하지만 감정적 압박에는 오히려 반발한다.

"빨리 해!", "왜 이것도 못 해?"보다는 "이 문제를 풀면 어떤 도움이 될까?", "다른 방법은 없을까?" 같은 질문이 효과적이다. 학습 계획을 세울 때도 함께 논의하고 계획의 근거와 목적을 분명히 해주어야 한다. 일방적인 지시보다는 논리적 설득이 필요하다.

유비형
관계가 중요한 아이, 공감이 공부를 지배한다

● 수업 환경

유비형 아이는 조용하고 안정적인 환경에서 집중력이 높아진다. 수업 분위기, 교사의 말투와 친구와의 관계에 민감하게 반응하며 비난이나 갈등 상황은 학습 몰입도를 크게 떨어뜨린다. 반면, 따뜻하고 지지적인 분위기에서는 놀라운 집중력과 성과를 보인다. 실제로 엄격한 교사의 수업에서는 위축되어 발언하지 않지만 온화한 교사의 수업에서는 적극적으로 참여하고 좋은 성과를 보인다.

● 학습 전략

자기 주도적 루틴과 감정 관리가 중요하다. 감정일기를 통해 자신의 상태를 점검하고 공부 루틴표를 만들어 계획을 시각화하는 것이 효과적이다. 한 가지 주제에 오래 몰입하기보다는 짧은 시간이라도 꾸준히 반복하는 방식이 좋다. 갑작스러운 변화보다는 점진적이고 안정적인 학습 패턴이 효과적이다.

학습 전 감정 상태를 체크하고 컨디션에 따라 학습 강도를 조절하는 것이 좋다. 혼자 공부하는 시간과 함께 공부하는 시간을 적절히 배분해 사회적 지지를 받으면서도 자신의 페이스를 유지할 수 있도록 해야 한다.

● 스트레스 관리

가족이나 친구와의 갈등이 가장 큰 스트레스 요인이다. 지적이나 꾸지람보다는 공감과 지지가 회복의 열쇠가 된다. 학습 피로가 쌓이면 함께 산책하거나 대화하는 것이 훨씬 효과적이다.

관계에서 오는 스트레스가 학습에 직접적인 영향을 미치기 때문에 학습 지도보다는 정서적 지지가 우선되어야 한다. "힘들었겠다.", "잘하고 있어." 같은 공감과 격려의 메시지가 중요하다.

자기주도학습은 성향 이해에서 시작

공부란 결국 자기 이해에서 출발한다. 아이가 공부에 집중하지 못한다고 무조건 꾸짖기보다 그 아이의 성향과 감정, 환경을 먼저 들여다보자.

"왜 이렇게 산만해?", "왜 이렇게 느려?"라는 말보다 "이 아이는 어떤 방식에 강점을 가지고 있을까?"라는 질문이 먼저여야 한다. 개인차를 인정하는 것이 진정한 교육의 출발점이다.

모든 아이를 같은 틀에 맞추려 하지 말고 각자의 특성에 맞는 최적의 학습 환경을 만들어 주는 것이 부모와 교사의 역할이다. 자기주도학습의 시작은 공부를 '견디는 것'이 아니라 자신에게 맞는 환경과 전략을 찾는 것이다.

성향 기반 학습 전략은 아이에게 맞는 공부를 가능하게 해 주는 가장 확실한 도구다. 아이는 저마다 타고난 방식이 있고 부모와 교사는 그 방식에 맞추어 설계를 돕는 조력자가 되어야 한다. 공부에도 '맞춤 전략'이 필요하다.

나만의 기록 만들기

진로를 정했다는 아이들에게 그 진로에 대해 무엇을 알고 있느냐고 물으면 대부분이 말을 못 한다. 직업의 이름을 알고 있거나 TV에서 본 이미지에 의존하는 경우가 많기 때문이다. 그러나 진짜 진로를 정했다면 그 분야에 대해 '나만의 기록'을 만들 수 있어야 한다.

기록은 생각을 명확하게 만든다. 머릿속에서만 맴돌던 막연한 관심을 기록하는 순간 구체적인 목표가 되고 실행할 수 있는 계획이 된다.

왜 진로에는 기록이 필요한가

진로를 구체화하고 몰입하기 위한 가장 현실적인 방법은 기록이다. 단순한 독서록이나 일기가 아닌 관심 분야를 향한 탐색과 사고의 과정이 남긴 흔적들이다. 그것이 바로 입시에서 중요한 학생부의 본질이며 자신을 입증하는 가장 강력한 자료가 된다.

기록은 탐구의 연속이다

진로를 정했다면 가장 먼저 해야 할 일은 '질문 만들기'다. 진로에 대한 정의나 직무 내용을 조사하는 것으로는 부족하다. 진로에 대해 어떤 호기심이 생기는지 스스로 묻고 답하는 과정이 필요하다.

수의사를 꿈꾸는 학생이라면 '사람과 동물의 감정 교류는 가능한가?', '야생 동물 치료와 반려동물 진료의 차이는 무엇인가?' 같은 질문을 던져 보는 것이다. 이런 질문이 쌓이면 이를 중심으로 정보를 수집하고 정리하며 자기 생각을 덧붙이는 일이 가능해진다. 이 모든 과정은 자연스럽게 기록으로 남는다.

진로 기반 기록의 7단계 구조

기록은 무작정 쓰는 것이 아니라 구조를 이해하면 훨씬 수월하다. 다음은 진로 기반 기록의 일반적인 흐름이다.

[1단계] 관심사 찾기
영상, 기사, 독서 등을 통해 마음이 끌리는 주제를 탐색한다.

[2단계] 질문 던지기

왜 그 주제가 흥미로운지, 어떤 부분이 궁금한지를 스스로 묻는다.

[3단계] 자료 수집

관련 기사, 논문, 책, 강의 등 다양한 자료를 찾아 읽는다.

[4단계] 요약 정리

수집한 정보를 자신의 언어로 정리하고 핵심 개념과 느낀 점을 기록한다.

[5단계] 나의 생각

기존 정보에 자신의 견해나 추가 질문을 덧붙인다.

[6단계] 확장 연결

다른 주제로 생각을 확장하거나 교과 내용과 연결해 본다.

[7단계] 재정리

시간이 지난 후 다시 읽고 새로운 관점에서 수정하거나 보완한다.

7단계 과정을 따라가면 기록은 단순한 감상이 아닌 탐구의 흔적이자 성장의 증거가 된다.

기록이 말보다 강한 이유

기록은 말보다 강하다. 많은 아이가 면접에서 진로를 설명할 때 막연한 동경을 이야기하지만 기록이 있는 아이는 다르다. 언제 어떤 활동을 했고, 그 과정에서 어떤 것을 느꼈는지 구체적인 근거를 가지고 설명한다. 이는 곧 설득력으로 이어진다.

실제로 학종에서 입학사정관들이 가장 중요하게 보는 것은 '진로에 대한 몰입의 증거'다. 이 증거는 말이 아니라 기록으로 보여주는 것이다. 보고서, 수행평가의 주제 선택, 탐구 활동 후 정리된 피드백은 모두 나만의 발자국이 된다.

어떤 기록부터 시작해야 할까

기록이라고 하면 거창한 탐구보고서를 떠올리지만 시작은 소소해도 된다. 하루에 한 줄, 오늘 생각한 진로 관련 질문, 관련 영상이나 기사에서 배운 점 한 가지만 정리해도 된다. 여기에 자기 생각을 한 줄 덧붙이는 것이 핵심이다.

"환경 다큐에서 해양 미세 플라스틱의 심각성을 보았다. 왜 이런 문제가 개선되지 않는지 궁금해졌다."

이 한 문장이 진로 기록의 시작점이 된다.

중학교 1학년 민이는 심리학자가 되고 싶다는 막연한 꿈을 가지고 있었다. 처음에는 '사람의 마음을 이해하고 싶어서'라는 단순한 이유였지만 매일 한 줄씩 심리학 관련 내용을 기록하기 시작했다.

"오늘 친구가 화를 내는 걸 보니 사람들은 왜 감정을 숨기려고 하는지 궁금해졌다."

"유튜브에서 본 MBTI 영상이 재미있었다. 성격을 정말 16개로 나눌 수 있을까?"

"엄마가 스트레스받을 때 폭식하는 걸 보니 감정과 식욕의 상관관계가 궁금해졌다."

이러한 문장들이 쌓이면 주제별로 정리할 수 있고 관련 자료를 찾아보고 생각을 정리하는 힘도 길러진다. 기록은 반복될수록 구조화된다. 처음에는 조각이었던 메모들이 시간이 지나면 하나의 그림으로 완성된다.

기록은 학습과 연결된다

기록은 단지 진로 탐색의 증거만이 아니다. 고등학교 교과 수업과 수행평가, 동아리 활동, 독서 활동으로 자연스럽게 연결된다.

심리학자를 진로로 정한 아이가 감정 표현을 다룬 영화를 보고 감상평을 기록했다면 국어 시간에 '인물의 감정 변화'에 대해 발표할 때 활용할 수 있다. 과학 시간에 신경 전달 물질과 감정의 관계를 배우면 그 내용을 기반으로 '도파민, 세로토닌의 기능과 감정 조절'이라는 주제로 심화 탐구를 할 수 있다.

고등학교 1학년 규정이는 중학교 때부터 기록해 온 환경 관련 노트를 바탕으로 통합사회 시간에 '지속가능발전목표SDGs'를 주제로 발표했다. 교과서 내용을 정리한 것이 아니라 3년간 관찰하고 기록한 환경 문제들과 연결 지어 발표한 것이다. 담당 교사는 '교과서를 넘어선 깊이 있는 사고'라고 평가하며 학생부에 기록했다.

기록은 생각을 모으고 학습과 진로를 잇는 다리 역할을 한다.

기록은 습관이다

진로에 대한 관심은 일시적일 수 있다. 하지만 그 관심을 지속시키는 힘이 바로 기록이다. 하루에 5분 책상 앞에 앉아서 오늘 본 영상, 읽은 글, 떠오른 생각, 궁금한 점을 정리하는 습관을 들이는 것이다. 이 습관이 3개월만 이어져도 아이의 언어력은 눈에 띄게 향상된다.

입시 전문가들이 말하는 학생부의 차이는 '탐구의 깊이'보다 '탐구의 누적'에 나온다. 매일 한 문장이라도 기록하는 아이와 한 달에 한 번 거창한 계획을 세웠다가 포기하는 아이의 결과는 차이가 날 수밖에 없다.

중학교 3학년 혜성이는 건축가를 꿈꾸며 매일 건물 사진 한 장과 한 줄 감상을 기록했다.

"오늘 본 롯데타워는 왜 비틀린 모양일까?"

"우리 학교 건물은 왜 이렇게 네모날까?"

이 소소한 질문들이 1년 뒤에는 건축 양식, 구조 역학, 도시 계획까지 관심이 확장되었고 혜성이는 고등학교 진학 후 관련 동아리 활동과 수행평가에서 탁월한 성과를 보였다.

기록은 아이를 설명해 주는 가장 좋은 도구

진로는 바뀔 수 있지만 기록은 남는다. 진로가 바뀌어도 그동안의 기록은 새로운 진로를 향한 발판이 된다. 탐구 방식, 정보 정리 습관, 사고 구조화 능력은 어떤 진로에도 적용되는 핵심 역량이기 때문이다. 기록은 부모가 대신해 줄 수 없다. 반드시 자신의 언어로 써야 한다. 자기주도성의 핵심이 여기에 있다.

지금은 포트폴리오 시대다. 대학도 사회도 성적보다 자신만의 스토리를 가진 사람을 원한다. 그 스토리는 기록에서 시작된다.

진로를 정했다면 이제 기록하며 몰입할 차례다.

교과서로 시작하는 주제 탐구

기록은 단지 내가 좋아하는 분야에서 시작하는 것만이 아니다. 실제 고등학교 입시와 학생부의 주요 항목들은 대부분 교과 중심으로 기록된다. 그렇기에 진로 탐색 과정에서 교과서가 가진 힘을 간과해서는 안 된다. 교과서는 단순히 시험을 위한 텍스트가 아니라 흥미 있는 주제를 찾아내고 탐구를 확장하는 훌륭한 출발점이다.

지구과학 교과서의 기후 변화 단원을 읽다 보면 '탄소 중립'이라는 키워드가 눈에 띌 수 있다. 이때 단순히 외우는 데 그치지 않고 다음과 같은 질문을 던져 볼 수 있다.

"탄소 중립이란 무엇인가?"

"왜 이 개념이 최근 자주 언급되는가?"

"학교나 개인이 탄소 중립을 실현하려면 어떻게 해야 할까?"

이 질문은 탐구의 방향이 되고 곧 기록의 틀이 된다. 교과서에서 배운 내용을 바탕으로 더 깊이 있는 질문을 만들고 그 질문에 답하는 과정에서 진정한 학습이 시작된다.

교과 개념에서 실생활 이슈로 연결하기

아이들이 어려워하는 것 중 하나는 교과 개념을 실생활과 연결하는 일이다. 그러나 이 지점이 진로와 학습이 맞닿는 곳이다. 국어 교과의 설명하는 글 단원에서 배운 글쓰기 방식을 활용해 '내가 탐구한 진로를 소개하는 글'을 써 볼 수 있고, 사회 교과의 정치 참여 단원에서 '청소년 선거권'을 주제로 자신의 의견을 정리할 수도 있다. 이처럼 교과 내용은 활용하기 나름이다.

중학교 2학년 호영이는 과학 시간에 '유전자 치료'에 대해 배우고 큰 관심을 가졌다. 단순히 교과서 내용을 암기하는 데 그치지 않고 다음과 같은 질문을 만들었다.

"유전자 치료의 윤리적 문제는 무엇일까?"

"우리나라의 유전자 치료 기술 수준은 어느 정도일까?"

이 질문과 관련된 기사와 전문가 인터뷰 영상을 찾아보며 자신만의 생각을 정리했다. 그 결과 도덕 시간에 생명윤리 단원을 배울 때 깊이 있는 발표를 할 수 있었고, 사회 시간에 과학기술과 사회 단원을 배울 때도 구체적인 사례를 제시할 수 있었다.

교과 탐구는 곧 학생부 세특의 출발점

교과 수업 시간에 궁금한 점을 메모하고 이를 바탕으로 자료를 찾아보거나 선생님께 질문하는 습관은 내신 대비와 직결된다. 수행평가 주제를 정할 때도 자신의 진로와 연결된 교과 주제를 선택하면 자연스럽게 학생부 세특 항목에 기록할 수 있다.

중학교에서는 학생부의 항목이 고등학교만큼 구체적이지 않지만 이 시기에 교과서에서 출발한 탐구 경험을 쌓아 두면 고등학교 진학 후에도 진로와 연결된 교과 내용을 설계하고 정리하기 수월해진다.

한 고등학교 교사가 한 말이다.

"중학교 때부터 교과 내용에 질문하는 습관을 지닌 아이들은 고등학교에 오면 금방 드러납니다. 수업 참여도가 높고 수행평가에서도 독창적인 아이디어를 제시하죠. 이런 아이들의 학생부는 자연스럽게 풍성해집니다."

교과서 탐구는 습관이자 사고의 훈련

수업마다 교과서 한 페이지에서 '내가 궁금한 점 한 가지'를 적는 습관을 들여 보자. 그 궁금증이 교과 개념인지, 실생활과의 연결인지, 진로 탐색과 관련된 것인지 생각해 보자. 이를 정리해 나만의 탐구노트를 만든다면 그것이 곧 학생부의 원재료가 된다.

중학교 3학년 지민이는 매 수업이 끝난 뒤 '오늘의 궁금한 점'을 한 줄씩 적는 습관을 갖도록 노력했다.

"수학 시간에 이차함수를 배웠는데 실제로 어디에 쓰일까?"

"국어 시간에 비유법을 배웠는데 왜 사람들은 직접 말하지 않고 돌려서 표현할까?"

"역사 시간에 조선의 과거제를 배웠는데 현재 공무원 시험과 어떤 차이가 있을까?"

이런 소소한 질문들이 쌓이면서 지민이는 점차 깊이 있는 탐구를 할 수 있었다. 고등학교 진학 후에는 이 습관이 자연스럽게 세특 기록으로 이어졌다. 이것이 바로 '호기심 기반 학습'이다. 진정한 학습은 교과서의 내용을 그대로 받아들이는 것이 아니라 스스로 질문을 만들고 답을 찾아가는 과정이다.

탐구는 거창한 것이 아니다. 교과서의 한 문장, 하나의 개념에서 출발해 연결하고 확장하는 것이다. 이 과정이 반복되면 진짜 공부가 되고 진로의 방향이 보이기 시작한다. 진로 탐색은 좋아하는 것에서 출발하지만 그것을 현실로 만드는 힘은 교과서에 있다.

교과서의 내용과 자신의 관심사를 연결하고 현재의 학습과 미래의 꿈을 연결하는 과정에서 아이들은 성장한다. 그리고 그 연결의 흔적이 바로 기록되어 아이의 미래를 증명하는 가장 강력한 도구가 된다.

진로 탐색의 끝판왕, 독서

독서 격차는 학년이 올라갈수록 커진다

독서를 꾸준히 하는 아이와 그렇지 않은 아이는 결과의 궤도가 다르다. 국제학력평가 PISA 분석에서는 '즐거움을 위한 독서 활동'이 읽기 성취는 물론 수학, 과학 성취와도 강하게 연관된다는 사실이 확인되었다. 학교 밖에서 이루어지는 자발적 독서는 성적을 보정하는 힘을 갖는다. 같은 수업을 들어도 책을 읽는 아이가 학업 성취 수준이 더 높다.

독서 및 언어 능력 관련 연구 99편과 7,600여 명을 대상으로 한 메타분석에 따르면 인쇄물 노출(자기주도 독서)은 읽기 이해, 어휘, 철자 등 핵심 언어 능력과 밀접하게 연결되어 있으며 학년이 올라갈수록 독서량의 차이가 언어 능력의 격차를 키우는 가속 효과로 나타난다.

왜 이런 차이가 생길까? 독서는 교과 지식과 분리된 활동이 아니라 배경지식, 어휘, 생각하는 힘을 확장하는 행위이기 때문이다. 읽기가 쌓인 아이는 수업에서 처음 접하는 개념이 적고, 책을 통해 얻은 배경지식은 교과 개념을 이어주는 연결 고리가 되기도 한다.

독서의 힘은 성취에만 그치지 않는다. 여러 연구는 문학 읽기가 타인의 마음을 추론하는 능력을 단기간에도 유의미하게 끌어올릴 수 있다고 보고한다. 의사, 교사, 공학자처럼 사람과 함께 일하는 모든 진로에서 공감과 타인에 대한 이해는 전문성의 일부다.

독서는 학업 성취(지식/어휘/추론)와 인간 역량(공감/소통)을 동시에 키우는 유일한 루틴이다. 그래서 나는 독서를 '진로의 끝판왕'이라고 부른다.

습관은 결심이 아니라 환경이 만든다

이렇게 중요한 독서를 왜 습관화하지 못할까?

캠핑을 시작하려면 텐트부터 작은 조명까지 완벽한 장비를 갖추어야 하고, 등산을 시작하기 위해 계절별, 기능성 스포츠 의류를 구매하는 사람이 있다. 다른 운동에서도 마찬가지다.

공부도 다르지 않다. 실제로 독서하고 싶지만 독서대가 없어서 못 한다는 주형이를 만난 적이 있다. 주형이의 부모에게 독서대를 사 주라고 말씀드렸다. 핑계일 뿐이라고 나무랄 수도 있지만 이 도구가 실천으로 이어질 수 있다.

"책을 읽고 싶은데 시간이 없어요."

"집중이 잘 안돼요."

"책을 샀는데 손이 안 가요."

많은 아이가 이렇게 말하지만 솔직히 시간이 없어서가 아니라 시작할 구체적인 형태가 없기 때문이다. 습관은 결심이 아니라 환경이 만든다. 독서를 습관화하고 싶다면 '언제 읽을까?'보다 '어디서, 어떻게 읽을까?'를 먼저 정해야 한다. 그 시작점이 바로 '독서대'일 수 있다. 독서대는 단순한 도구가 아니라 '읽겠다'라는 의도를 행동으로 옮기는 첫 신호이기 때문이다.

"아침 7시에 알람이 울리면 책상에서 독서대 위에 책을 놓고 읽는다."

이 문장은 뇌에 명확한 실행 지침을 제공한다. 다짐이 실행으로 구체화하는 순간 뇌는 이를 실제로 실행할 수 있는 '행동 시뮬레이션'으로 인식한다. 행동은 구체성을 먹고 자란다. 하버드대 심리학자 피터 골위처는 이를 '실행 의도'라고 불렀다. '언제, 어디서, 어떻게'로 구체화한 목표는 막연한 목표보다 행동 실행률이 90% 이상 높았다. 이것이 바로 'if ~ then' 계획법이다.

"책을 읽을 거야"가 아니라 "내일 아침 7시가 되면 거실 소파에서 《사피엔스》를 10쪽 읽을 거야"라는 계획을 세운 사람만이 실제로 책을 펼친다.

이 구체성이 만들어 내는 효과는 '도파민 루프'와도 연결된다고 한다. 도파민은 보상받을 때뿐 아니라 예측할 수 있는 목표를 향해 나아갈 때 강하게 분비된다. 독서대 앞에 앉아 책 한 장을 넘기는 순간 뇌는 이미 보상 회로를 경험한다. 이렇게 독서는 더 이상 의무가 아니라 쾌감이 수반된 습관 행동이 된다.

루틴은 시간표가 아니라 장소다

책상 위에는 교과서가, 소파 옆에는 독서대가, 침대 옆에는 스마트폰이 있다면 뇌는 그 공간마다 서로 다른 행동 신호를 저장한다. 즉 환경이 곧 행동의 트리거다. '소파 = 독서'라는 연결 고리가 형성되면 소파에 앉는 순간 뇌는 자동으로 읽기 모드로 들어간다. 그래서 독서대는 단순한 물건이 아니라 습관의 스위치다. 아이들에게 "독서 루틴을 만들고 싶다면 독서대를 사라"고 말하는 이유가 여기에 있다. 물리적 환경이 곧 루틴의 첫 문장이 되기 때문이다.

독서 루틴은 시간표가 아니라 의식이다. 많은 아이가 계획표에 '독서 30분'이라고 적어 두지만 실제 독서를 시작하게 하는 준비 동작이 없다. 책상 정리, 독서대 세우기, 책을 펴고 향기를 맡는 행위, 이 모든 것이 루틴의 신호다.

심리학자 찰스 두히그는 이를 '큐Cue – 루틴 – 보상' 구조로 설명했다. 특정 신호(독서대 세우기)가 행동(독서)을 촉발하고 보상(성취감)으로 연결될 때 습관 회로가 완성된다. 그래서 루틴은 의무가 아니라 의식이다. 매일 같은 시간에 독서대를 펼치는 의식은 단순한 독서 습관을 넘어 자기조절 근육을 키운다. 이 자기조절능력은 곧 공부 습관 나아가 삶의 자기통제력으로 확장된다.

독서 습관이 잡히지 않는 이유는 '환경'의 부재다.

"제가 의지가 부족해서요."라고 하는 아이들에게 "의지가 아니라 환경이 문제야."라고 말한다.

뇌는 불편을 싫어한다. 책이 가방 속에 들어 있거나 독서 공간이 따로 정해져 있지 않으면 뇌는 독서를 '비용이 큰 행동'으로 인식한다. 반대로 책이 늘 눈앞에 있고 독서대 위에 펼쳐져 있다면 독서는 뇌가 선택하기 가장 쉬운 행동이 된다. 습관은 의지력의 싸움이 아니라 마찰력의 싸움이다. 환경의 마찰을 줄여야 행동이 지속된다. 그래서 나는 부모들에게 이렇게 말한다.

"독서대를 사는 일은 책 한 권을 사는 것보다 훨씬 값진 투자일 수 있습니다."

뇌가 기억하는 루틴의 3단계

- 시각적 단서 : 독서대를 보는 순간 읽을 준비 신호가 켜진다.
- 시간적 규칙성 : 매일 같은 시간에 반복될 때 뇌의 해마는 루틴을 자동화한다.
- 감정적 보상 : 읽은 후의 성취감이 도파민과 연결되어 행동을 강화한다.

이 세 가지가 결합할 때 독서는 더 이상 해야 하는 일이 아니라

‘나의 리듬’이 된다.

부모가 할 일은 아이에게 "책 좀 읽어."라고 말하는 것이 아니다. 책을 읽을 수 있는 자리를 만들어 주는 것이다. 식탁 한쪽에 작은 독서 등을 켜 주거나 거실에 조용한 공간을 비워 주는 것만으로도 충분하다. 그 환경은 아이의 뇌에 ‘읽을 준비 신호’를 남긴다.

아이에게 "책 좀 읽어." 대신 "오늘 소파에서 몇 시에 읽을래?"라고 물어보자. 이 한마디가 습관을 바꾸는 시작이 된다.

독서하고 싶다면 독서대 구매 추천

독서 습관은 거창한 결심에서 시작되지 않는다. 독서대를 사는 행동처럼 작지만 구체적인 실천에서 시작된다. "언젠가 책을 읽겠다"라는 다짐은 모래 위의 약속이지만 "내일 아침 7시, 거실 소파, 독서대 위의 책"은 돌 위의 계획이다. 그 구체성 하나가 아이의 뇌를 움직인다.

읽고 싶다면 먼저 독서대를 사라. 그 순간부터 뇌는 이미 독서를 시작하고 있다.

유튜브 시청도 독서 효과로 전환? 쌉가능!

"오늘도 유튜브 보느라 공부를 못 했어요."

"재밌는 건 많은데 머리에 남는 게 없어요."

많은 부모가 걱정하지만 유튜브는 엔터테인먼트를 넘어 하나의 학습 생태계가 되었다. 문제는 아이들이 그 안에서 길을 잃고 헤맨다는 점이다. 아이들을 탓하기 전에 먼저 이렇게 물어보아야 한다.

"아이가 유튜브를 보는 것은 정말 시간 낭비일까?"

유튜브는 '관심의 지도'를 보여 주는 창

유튜브 알고리즘은 무섭다. 하지만 그 알고리즘이 곧 아이의 내면 지도다. 검색 기록과 시청 목록에는 '지금 이 아이가 세상에서 어떤 주제에 반응하고 있는가'가 고스란히 드러난다. 유튜브는 단순한 유혹이 아니라 진로 탐색의 시작점이 될 수 있다.

과학 실험 영상을 즐겨 보는 아이가 있다. 그저 재미있어서 클릭했을 수도 있지만 그 호기심을 진짜 탐구로 전환하면 그것은 곧 탐구 기반 독서의 출발점이 된다.

"그 영상 속 실험이 진짜 가능한 걸까?"

"이 원리를 설명하는 책이 있을까?"

이 질문이 '중독'과 '탐구'를 가르는 경계다. 유튜브는 관심의 출발점, 독서는 관심의 확장점이다.

유튜브를 못 하게 하는 대신 질문을 던져 보자. 부모가 "그만 봐!"라고 하는 순간 아이는 통제의 대상이 된다. 반대로 '질문'은 아이를 탐색의 주체로 바꾼다.

아이가 '우주 다큐 영상'을 반복 시청한다면 이렇게 물어보자.

"그 영상에서 가장 흥미로웠던 장면이 뭐였어?"

"그 현상을 책에서는 어떻게 설명할까?"

이런 질문이 아이의 뇌를 자극한다. 뇌과학에서 이를 '메타인지 점화'라고 부른다. 질문은 뇌의 전전두엽을 활성화해 단순한 자극 소비를 사고 활동으로 바꾼다. 부모의 질문 하나가 아이의 유튜브 시청 행위를 학습 행동으로 재코딩할 수 있다.

여기서는 유튜브에서 본 주제를 책으로 확장하는 구체적인 방법에 대해 살펴보자.

먼저, 영상 제목에 나온 주요 단어를 그대로 검색해 핵심 키워드를 뽑아 본다. 다음으로, 영상에서 설명 없이 지나간 개념 하나를 적고 그 개념이 등장하는 책을 찾아본다. 영상을 시청하면서 모르는 개념을 찾아보는 과정이다. 이 순간 아이는 단순 시청자에서 지식 탐험가로 바뀐다.

다큐 〈페르마의 마지막 정리〉 → 《페르마의 마지막 정리》(사이먼 싱)

영상 〈블랙홀의 사진이 처음 공개된 순간〉 → 《블랙홀과 우주론》(박석제)

여기까지 했다면 영상에 나온 주장을 검증할 차례다. 유튜브에는 정답처럼 들리지만 실제로는 반쪽짜리 정보가 많다. "이게 진짜일까?"라는 검증 습관을 독서로 연결하면 비판적 사고와 정보 해독력이 함께 자란다.

〈단 5일 만에 영어 완성!〉 같은 영상을 본 뒤 《공부의 격》이나 《몰입》을 읽으며 학습 뇌의 작동 원리를 비교해 보는 것이다. 왜 이 영상의 말이 매력적으로 들렸는지를 분석하는 과정이 곧 비판적 독서의 시작이 된다.

영상의 뇌와 독서의 뇌

영상은 뇌의 감각 피질을 강하게 자극한다. 눈과 귀가 동시에 열리니 흥미는 폭발한다. 하지만 그만큼 생각의 여백은 줄어든다. 빠른 자극 속에서 뇌의 전전두엽(사고/추론)은 활동을 멈춘다.

반면 독서는 정보를 스스로 조립해야 하기에 전전두엽과 해마가 끊임없이 작동한다. 영상이 주입형 자극이라면 독서는 조립형 사고다. 그렇다고 영상을 끊을 필요는 없다. '시청 → 사고 → 독서'로 이어지는 루프를 만들면 감각 자극과 인지 훈련을 동시에 활용할 수 있다. 이 루프가 완성될 때 유튜브는 도파민의 낭비가 아닌 학습 자극이 된다.

유튜브 기반 탐구형 독서 루틴

● **유튜브 탐색 (5분)**

아이가 평소 즐겨보는 주제 중 흥미로운 영상 1개를 고른다.

● **핵심 질문 작성 (3분)**

이 영상에서 새롭게 알게 된 사실은?

이건 정말 사실일까?

더 알고 싶은 것은 무엇일까?"

● 키워드 기반 독서 검색 (10분)

포털, 서점, 학교 도서관 검색창 등에 영상 키워드를 입력한다.
'○○의 과학, ○○의 역사, ○○의 원리' 등으로 확장해 본다.

● 첫 장만 읽기 (10분)

책을 끝까지 읽지 않아도 된다.

영상을 보며 생긴 질문에 답이 될 만한 부분까지만 읽는다.

영상의 내용과 책의 설명이 다르다면 그 차이를 기록하거나 토론한다.

● 한 줄 정리 (2분)

오늘 유튜브에서 얻은 궁금증은 ○○이었고 책에서 찾은 답은 ○○이었다.

이 과정을 매일 20~30분만 반복해도 뇌는 '영상 → 질문 → 독서'의 고정 회로를 만든다. 유튜브를 끊는 것이 아니라 유튜브를 계단 삼아 독서로 올라가는 루틴이다.

재미를 학문과 진로로 확장하기

여기까지만 보면 절대 공감하지 못하는 부모도 있을 것이다. 아이가 그러한 소재를 찾을 수 있는 영상을 시청하는 거라면 좋겠다고 생각할 것이다. 요즘 아이들의 유튜브 시청 목록을 보면 웃긴 짤, 자극적 챌린지, 먹방, 반려동물 영상 등 단순히 낄낄거리며 보는 웃긴 영상이 대부분이다. 그렇다고 그런 영상을 그만 보라고 해봤자 역효과만 난다. 억지로 유튜브를 끊으려 하면 아이의 뇌는 오히려 도파민 결핍을 느끼고 더 자극적인 영상을 몰래 찾아서 본다.

그래서 접근 방향을 바꿔야 한다. 끊는 게 아니라 질문을 심는 것이다. 아이가 폭소하는 영상을 함께 보고 이렇게 물어보자.

"이 영상 왜 웃겼어?"

"다른 사람도 똑같이 웃을까?"

"이 상황이 실제라면 어떤 기분일까?"

이 질문은 단순한 장난이 아니라 메타인지를 깨우는 훈련이다. 뇌는 즐거움을 다시 생각하는 순간 감정 피질과 전전두엽이 동시에 작동한다. 즉 감정 자극을 사고 자극으로 재구성하는 것이다. 이 과정을 반복하면 아이는 자연스럽게 "왜?"를 달고 사는 사고 패턴을 갖게 된다. 웃긴 영상도 더 이상 시간 낭비가 아니라 사람의 심리를 배우는 교재가 된다.

재미를 분야로 확장하는 유도 질문도 좋다. 유튜브는 재미로 시작하지만 그 재미의 뿌리를 찾아가면 학문으로 이어질 수도 있다.

● 먹방을 좋아한다면?

→ 왜 사람들은 누군가 먹는 걸 보면 식욕이 생길까?

→ 식사의 심리학, 뇌가 음식을 좋아하는 이유로 연결

● **동물 영상을 좋아한다면?**

→ 강아지가 사람을 이해할 때 뇌에서 어떤 일이 일어날까?

→ 개는 천재다, 동물의 사생활로 연결

● **밈 또는 유행 챌린지를 좋아한다면?**

→ 이런 밈이 퍼지는 이유가 뭘까?

→ 밈 전쟁, 바이럴 문화의 심리학으로 연결

아이가 웃으며 본 영상 속에도 탐구 주제의 씨앗이 있다. 그 씨앗을 꺼내 주는 것이 부모와 교사의 역할이다.

유튜브를 독서로 바꾸는 전환 설계

짧은 영상에 익숙한 아이들은 당연히 긴 글 읽기를 힘들어한다. 그럴 때는 책의 문턱을 낮추어야 한다.

짧은 영상은 짧은 글로 이어가 보자. 처음에는 영상 길이만큼의 글로 확장하면 된다.

영상 한 편 감상 → 관련 기사 한 개 읽기

10분 다큐 → 10분 독서

뇌는 정보 소비 패턴의 유사성을 좋아한다. 같은 리듬(짧은 자극,

빠른 보상)을 유지한 채 매체만 바꾸면 자연스럽게 독서로 연결된다.

'영상 요약 챌린지'로 승부욕을 자극하는 것도 효과적이다.

"오늘 본 영상을 요약해서 세 문장으로 말해 볼래?"

이 질문은 사실상 '말하기 독서'다. 말로 설명하는 순간 해마는 내용을 구조화하고 그 경험이 텍스트 이해력의 기반이 된다. 습관이 붙으면 다음과 같이 발전시킬 수 있다.

오늘 본 영상 요약 (세 문장) → 관련 개념 검색 (1분) →
관련 도서 1권 저장 → 책 첫 장 5분 읽기

이 루틴이 반복되면 유튜브는 독서의 예열 장치가 된다.

루틴이 어느 정도 안정화되면 재미 영상에서 직업 세계로 이어갈 수 있는 준비가 된 것이다. 이는 진로 코칭 현장에서 종종 활용하는 방법이다.

메이크업 영상을 즐겨 보는 아이에게는 색소, 광택, 피부 반응 등 화학 영역과의 연관성을 찾아보게 하고, 게임 영상을 즐겨 보는 아이에게는 게임 분야가 시나리오 작가, 그래픽 디자이너, 데이터 분석가 등 많은 진로가 얽혀 있는 스토리텔링임을 인지하도록 한다.

전문 세계의 렌즈로 유튜브 영상을 해석해 주면 아이의 시선은 재미에서 직업으로 이동한다. 마지막으로 '3단 전환 공식'으로 마무리하는 것이 좋다.

- 재미로 본다 : 유튜브의 본래 기능을 인정한다.
- 질문을 던진다 : "왜 웃기지?", "왜 인기가 있지?", "이게 사실일까?"
- 연결한다 : 관련 책, 기사, 사람, 직업으로 확장한다.

이 3단계만 꾸준히 반복해도 유튜브는 단순한 오락이 아니라 탐구의 입구가 된다. 그리고 그 확장은 읽기로 귀결된다.

아이의 유튜브를 끊으려 하지 말고 재미에 질문을 심어 보자. 그 질문 하나가 아이의 뇌를 바꾼다. 웃음을 주는 관심이 사고로 이어지고, 사고가 독서로 이어지고, 독서가 진로로 이어진다. 유튜브 시청을 금지하는 게 아니라 방향을 틀어 주는 것이 아이들에게 필요한 진짜 교육이다.

부모와 함께하는 디지털 독서 코칭

"오늘 본 영상 중에 책으로 더 알고 싶은 주제가 있었니?"
→ 판단 대신 탐색을 유도한다.

"그 영상 내용이 사실인지 다른 자료를 찾아볼까?"
→ 정보 검증의 습관을 만든다.

"그 영상의 주제를 한 문장으로 요약해 볼래?"
→ 요약과 사고를 동시에 훈련한다.

"그 주제에 관한 책을 한 권 골라 보자."

→ 관심의 확장을 독서로 연결한다.

부모의 개입이 통제에서 탐색의 동행으로 바뀌면 아이의 유튜브 시청은 더 이상 시간 낭비가 아니다. 그것은 아이의 뇌가 세상을 배우는 방식일 뿐이며 우리는 학습의 방향을 깊이로만 바꿔 주면 된다.

진짜 변화는 탐구형 시청자로 진화하는 순간 일어난다. 유튜브 세대의 아이들은 영상 편집보다 빠른 속도로 세상을 흡수하지만 그 속도가 깊이를 대신할 수 없다. 그래서 필요한 것이 속도의 시대에 맞는 깊이 설계다.

보는 뇌가 생각하는 뇌로 전환될 때 아이의 관심사는 진로가 되고 아이의 취미는 역량이 된다. 오늘 본 영상 하나가 내일의 독서 주제가 되고 그 독서가 1년 뒤 탐구보고서가 될 수 있다.

입시 컨설턴트 자녀의
독서 습관 따라하기

성적 차이는 공부량이 아니라 루틴에서 생긴다

"시험 기간인데도 책을 읽는다고요?"

자주 듣는 질문이다. 아이들은 시험 주간이면 독서를 멈추고 부모들도 그걸 당연하게 여긴다. 하지만 우리 집은 다르다. 시험 기간이든 아니든 잠자리에 들기 전 독서 시간은 절대 빼먹지 않는다.

나는 입시 컨설턴트로서 수많은 아이를 만나 왔다. 성적이 좋은 아이와 그렇지 않은 아이의 차이는 공부량이 아니라 루틴의 차이다. 꾸준히 읽고 생각하고 기록하는 습관이 결국 사고력의 격차를 만든다. 그래서 우리 가족은 독서를 생활의 중심에 두었다.

아이들은 매일 밤 10분이라도 책을 읽는다. 어떤 날은 학교 숙제로 읽어야 하는 책일 때도 있고, 어떤 날은 그저 재미로 선택한 소설을 읽기도 한다. 중요한 건 '매일 읽는다'라는 리듬을 유지하는 것이다.

시험 기간이라고 해서 예외는 없다. '오늘은 공부가 많아서'라는 이유로 독서를 건너뛴다면 뇌는 상황이 바쁘면 루틴을 깨도 된다는 잘못된 신호를 학습한다. 그래서 우리 가족은 하루를 마무리하는 의식으로 독서를 한다.

도서관도 마찬가지다. 시험 기간에는 공부 장소로, 평소에는 탐험 장소로 활용한다. 시험공부를 위해서 도서관에 가지만 공부를 다 하면 자연스럽게 관심 있는 책을 한두 권 빌려 온다. 이런 경험이 쌓이면서 도서관은 공부만 하러 가는 곳이 아니라 배움의 놀이터가 되었다.

평소에도 아이들은 엄마, 아빠에게 읽고 싶은 책 리스트를 만들어 보여 준다. 읽고 싶은 책이 도서관에 없으면 희망 도서 신청에 직접 신청하고 가장 먼저 빌려 오는 쾌감도 만끽한다. 스스로 읽고 싶은 책을 요청하는 것 자체가 이미 자기주도적 독서다. 부모가 읽

히는 책이 아니라 스스로 고른 책을 읽을 때 비로소 진짜 배움이
시작된다.

도서 리스트를 받으면 우리는 도서관에 들러 대출해 오거나 함
께 서점에 가기도 한다. 책 심부름은 우리 가족의 매주 루틴이 되
었다.

반복하면 좋은 점

좋은 책은 한 번 읽고 끝내기에는 아깝다. 아이들은 재미있거나
감명 깊은 책과 영화를 반복해서 본다. 이는 단순한 취향이 아니라
이해의 확장법이라고 본다.

책을 다시 읽는 이유는 기억이 약해서가 아니라 다른 내가 되어
다시 만나는 경험을 하기 위해서다. 같은 문장을 읽어도 마음의 상
태가 다르면 전혀 다른 문장으로 느껴진다. 처음 읽을 때는 줄거리
만 따라갔다면 다시 읽을 때는 인물의 마음이 보이고, 또 한 번 읽
을 때는 작가의 시선이 보인다.

바로 반복 독서의 힘이다. 심리학에서는 이를 '재노출 효과'라
고 한다. 하나의 정보를 반복해서 접할수록 뇌의 해마가 활성화되
고 새로운 연결망이 만들어진다. 즉 반복은 지루함이 아니라 기억
의 정착 과정이다.

영화도 마찬가지다. 우리 가족은 재미있게 본 영화를 다시 보며
처음과 다르게 느껴지는 장면에 관해 이야기한다. 한 장면을 반복

해서 보는 것은 단순한 오락이 아니라 이해의 정밀도를 높이는 훈련이다. 대사나 장면 속 숨은 의미를 찾아내는 과정에서 아이들의 관찰력과 해석력이 놀랍게 발전한다.

큰아이는 영화 〈인사이드 아웃〉을 네 번 봤다. 처음에는 단순히 재미로, 두 번째는 감정의 색깔을 관찰하기 위해, 세 번째는 기억의 저장과 소멸 구조를 분석하기 위해 봤다.

그 후 감정 심리학에 관심이 생겨《감정은 왜 우리를 움직이는가》라는 책을 스스로 찾아 읽었다. 한 편의 애니메이션이 한 권의 책으로 그리고 진로 탐색으로 이어진 것이다.

사고력의 뿌리는 반복에 있다

반복은 뇌를 깊게 훈련시킨다. '한 번 이해한 것은 오래가지 않지만 여러 번 생각한 것은 오래 남는다'라는 말처럼 같은 책, 같은 영화를 반복해서 접할 때 뇌는 이미 알고 있는 정보를 재구성하며 의미망을 확장한다. 이 과정이 바로 사고력의 뿌리다.

그래서 나는 아이들에게 새로운 책을 계속 찾으려 애쓰기보다 재미있는 책은 두 번 이상 읽어도 좋다고 말한다. 첫 독서는 감정으로, 두 번째는 이성으로, 세 번째는 비판적 시선으로 읽는다. 읽을 때마다 얻는 것이 다르고 그 다름이 곧 성장의 증거다.

책과 영화를 반복해서 읽고 보는 것은 글쓰기와 말하기 능력에도 영향을 준다. 같은 내용을 여러 번 접하면 문장 구조, 표현의 어조, 대화의 리듬, 서사의 전개 방식이 자연스럽게 습득된다. 특히 필사와 함께하면 그 효과는 더 뚜렷해진다.

필사의 힘

좋은 문장을 반복해 쓰는 건 좋은 사고를 반복해 연습하는 것과 같다. 필사뿐 아니라 좋은 책과 영화를 반복해서 경험하는 것도 마찬가지다.

우리 아이들은 천천히 꾸준하게 사고의 층위를 넓혀 가고 있다. 책을 한 번 더 읽고, 영화를 한 번 더 보고, 문장을 한 번 더 써 보며 자기 생각을 다듬는다. 그 꾸준함이 결국 진로를 향한 방향성을 단단하게 만든다. 성적은 결과로 따라온다.

책과 영화는 아이의 뇌에 '깊이의 루프'를 만든다. 유튜브 영상처럼 즉각적인 재미를 주지는 않지만 대신 오래가는 몰입을 선물한다. 반복은 낭비가 아니다. 아이의 뇌가 진짜 배움을 시작했다는 신호다. 좋은 책은 여러 번 읽을 때 비로소 내 것이 되고, 좋은 영화는 다시 볼 때 생각을 남긴다.

우리 가족이 매일의 독서와 매주의 필사를 지키는 이유는 단 하나다. 아이들이 지식을 쌓는 사람이 아니라 사유하는 사람으로 자라기를 바라기 때문이다. 그 사유는 반복에서 자라고 반복은 루틴에서 완성된다.

아이들의 독서 루틴에는 한 가지 특별한 습관이 있다. 바로 '필사'다. 일주일에 두 번, 인상 깊었던 책의 한 페이지나 홍미롭게 본 기사 한 편을 손으로 따라 쓴다. 처음에는 숙제처럼 시작했지만 이제는 스스로 즐긴다.

눈으로만 읽을 때는 좋은 문장이었지만 손으로 써 보면 그 문장의 호흡, 어조, 리듬이 몸으로 새겨진다. 읽는 뇌와 쓰는 뇌가 동시에 작동한다. 필사를 시작하고 나서부터 아이들에게 변화가 생겼다. 글을 쓸 때 문장 구조가 자연스러워졌고, 말할 때 표현력이 풍부해졌다. 발표를 부담스러워하던 큰아이도 이제는 자신감 있게 자기 생각을 말한다. 그게 바로 필사의 힘이다.

작은 습관이 만드는 우리 가족의 교육 철학

아이들이 필사하며 배우는 건 단지 문장력이 아니다. 필사는 집중력과 사유력의 근육을 기르는 과정이다. 손으로 한 문장을 천천히 쓰다 보면 뇌는 자연스럽게 멈추고 그 순간 생각이 정리된다. 스마트폰의 짧은 자극에 길들여진 뇌가 오랜만에 느림의 리듬을 경험하는 순간이다.

우리는 가족 모두가 함께 필사한다. 엄마와 아빠는 마음을 다스리는 책 한 문단을, 아이들은 읽은 책이나 신문 칼럼의 인상적인 부분을 고른다. 이 습관이 아이들에게 미친 가장 큰 영향은 글과 가까워지는 경험이었다. 책이 어렵거나 멀게 느껴지지 않는다. 문장을 손으로 옮기며 아이들은 문장 속 숨결을 이해한다. 책의 세계가 머릿속이 아니라 몸속으로 들어오는 느낌이다.

많은 아이가 읽고 싶은 마음은 있는데 시간이 없다고 말한다. 하지만 독서 루틴은 시간을 따로 내는 것이 아니라 시간 속에 루틴을 심는 것이다. 우리 아이들이 매일 밤 30분을 독서로 마무리하는 이유는 그 시간이 하루의 정리이기 때문이다. 뇌는 잠들기 전 마지막으로 접한 정보를 깊게 각인한다. 그래서 자기 전 독서는 단순한 습관이 아니라 하루를 긍정으로 마무리하고 다음 날의 사고력을 예열하는 최고의 공부법이다.

시험 기간이라고 해서 예외를 두지 않는 것도 같은 이유다. 시험은 단기 기억의 싸움이지만 진짜 학습은 장기 기억의 싸움이다. 독서는 장기 기억의 회로를 강화한다. 즉 시험공부와 독서는 대립하지 않는다. 오히려 서로를 완성한다. 이렇게 말하면 어떤 부모들은 말한다.

"그건 입시 컨설턴트 집이니까 가능한 거 아닌가요?"

"아뇨. 우리 아이들도 유튜브 보느라 책 읽기 싫어할 때가 있어요. 하지만 시간이 나면 읽는 사람과 시간을 정해 읽는 사람은 다릅니다."

우리 아이들은 특별하지 않다. 다만 작은 규칙을 큰 신념처럼 지킨다. 잠들기 전 독서, 주 1회 도서관 방문, 주 2회 필사. 이 세 가지는 우리 가족의 교육 철학이자 생활 방식이다.

책은 곁에 두어야 읽힌다. 독서 습관은 성적을 올리기 위한 기술이 아니라 삶을 깊게 만드는 태도다. 진로가 불안하고 세상이 빠르게 돌아갈수록 책은 아이에게 속도를 늦추는 힘이 되어 준다. 아이의 하루가 책으로 마무리되는 순간 그날의 학습은 완성된다. 시험 기간에도 책을 읽는 아이, 책을 베껴 쓰며 문장을 체득하는 아이, 그 아이는 이미 스스로 배움을 즐길 줄 아는 사람이다.

우리 가족의 작은 습관이 완벽한 정답은 아니다. 하지만 분명한 것은 책이 곁에 있는 삶은 실패하지 않는다. 그것은 성적의 문제가 아니라 아이의 성장이 어디를 향하고 있는가의 문제다.

성향별 추천 진로와 직업군

성향 유형	핵심 특징	강점 역량	추천 전공 분야	추천 직업군	성장 포인트
잡스형 (호기심·창의·몰입형)	새로운 아이디어를 떠올리는 걸 좋아하고, 관심사에 몰입이 빠르지만 쉽게 질림. 자유로운 사고와 표현력, 도전 정신이 강함.	창의력, 문제해결력, 시각적 상상력, 직관적 사고, 혁신적 실행력	디자인, 영상·미디어, 컴퓨터공학, 콘텐츠 기획, 산업디자인, 창업, 경영학, AI·로봇공학	크리에이터, 유튜버, 게임기획자, UX디자이너, 앱 개발자, 브랜드 기획자, 스타트업 CEO, 발명가	아이디어는 많지만 마무리가 약함 → 루틴화·기록 습관이 성장의 핵심
노벨형 (탐구·분석·이론형)	논리적이고 분석적인 성향. 모든 현상에 '왜?'를 붙이며 원리를 이해하려 함. 탐구심이 강하고 집중력이 뛰어남.	과학적 사고력, 논리적 추론, 데이터 분석력, 체계적 문제해결력, 인내심	물리학, 화학, 생명과학, 의학, 약학, 수학, 데이터사이언스, 공학, AI	의사, 약사, 연구원, 데이터 분석가, 과학자, AI엔지니어, 특허 전문가, R&D 기획자	완벽주의로 인해 실패를 두려워함 → 실패를 탐구 과정의 일부로 받아들이는 훈련 필요
유비형 (배려·성실·책임형)	계획적이고 안정적인 성향. 책임감이 강하며 꾸준함으로 성취함. 안정적 환경을 선호하고 규칙적인 생활을 잘 유지함.	자기관리력, 계획력, 실행력, 인내심, 조직적 사고, 집중 지속력	의학, 간호학, 약학, 행정학, 법학, 교육학, 회계학, 문예창작	교사, 간호사, 회계사, 공무원, 변리사, 기업 실무자, 프로젝트 매니저, 안전관리 전문가, 사회복지사	안정 지향으로 도전을 회피하기 쉬움 → 새로운 환경에서 작은 변화 시도 필요
현대형 (공감·감성·표현형)	감수성이 풍부하고 타인의 감정을 잘 읽음. 언어적 표현과 예술적 감각이 뛰어나며 관계 속에서 의미를 찾음.	공감력, 의사소통 능력, 감정 조절, 창의적 표현력, 리더십, 언어 감수성	심리학, 언론정보학, 국어국문학, 미디어커뮤니케이션, 예술, 사회복지학	심리상담가, 작가, 기자, PD, 방송작가, 교사, 콘텐츠 기획자, 사회복지사	감정 기복이 집중력에 영향 → 감정일기·명상 등으로 감정-집중 루틴 만들기 필요

'성향별 진로 매칭 지도'는 아이의 성향, 관심사, 학습 유형을 함께 고려

하는 구조이다. 이를 참고해 아이에게 다음과 같은 질문으로 대화를 이끌어

가면 좋다.

"너는 어떤 순간에 제일 몰입 돼?",

"그때 느낀 감정이 어떤 공부와 닿아 있을까?"

아이는 고민하게 되고 대답 속에 진로의 방향이 숨어 있다.

진로 기반 입시 설계, 이렇게 하라

목표 대학과 전공 설계 방법

　중학생의 진로 설계에서 가장 중요한 출발점은 '어떤 전공을 목표로 할 것인가'를 설정하는 일이다. 하지만 많은 아이가 진로를 이야기하면서도 그것이 대학의 어떤 전공과 연결되는지 제대로 이해하지 못한다. 직업의 이름만 말할 뿐 그 직업이 어디서, 어떤 전공을 통해 준비되는지 알지 못한다면 그 진로는 막연한 상상에 불과하다.

　전공은 직업을 잇는 다리다. 아이들은 의사, 변호사, 디자이너, 마케터 같은 직업을 이야기하지만 이 직업들은 각기 다른 전공과 교육과정을 통해 준비된다. 의사가 되기 위해서는 의예과 또는 의학과 진학이 필요하고, 마케터는 경영학과, 광고홍보학과 심지어는 산업디자인학과를 통해도 접근이 가능하다.

　전공은 진로를 위한 준비 과정이며 이는 다시 고등학교 시기의 과목 선택과 학습 방향, 비교과 활동으로 이어진다. 따라서 중학생 시기에는 단순히 직업이 아닌 그 직업을 위한 전공까지 이해하고 연결하는 관점이 필요하다.

중학교 3학년 예솔이는 '환경 전문가'가 되고 싶다는 막연한 꿈을 가지고 있었다. 그러나 환경공학과, 환경과학과, 환경정책학과, 조경학과 등 다양한 전공이 있다는 것을 알고 나서 각 전공의 커리큘럼과 졸업 후 진로를 비교 분석했다. 그 결과 자신이 원하는 것은 '환경 정책 수립'이라는 것을 깨닫고 환경정책학과 진학을 목표로 정했다.

전공을 설계하는 3단계 로드맵

[1단계] 진로와 관련된 전공군 탐색

생명과학자를 꿈꾸는 아이라면 생명과학과, 생명공학과, 의생명공학과, 생명시스템학과, 약학과 등이 관련 전공일 수 있다. 각각의 전공이 다루는 분야, 연구 영역, 졸업 후 진출 경로 등을 비교해 보는 것이 좋다. 이때 전공명에 현혹되지 않는 것이 중요하다. 같은 생명과학과라도 대학에 따라 분자생물학 중심인 곳이 있고, 생태학 중심인 곳이 있다. 전공 소개서와 교육과정을 꼼꼼히 살펴보는 습관이 필요하다.

[2단계] 대학별 전공 특성과 연계

같은 전공이라도 대학에 따라 커리큘럼과 진로 방향이 매우 다르다. 연세대 생명공학과는 바이오산업과 연계된 실용 교육 강

점이고, 포스텍 생명과학과는 기초과학 중심의 연구 역량 강화
가 핵심이다.

자신의 성향에 맞는 대학의 전공을 분석해 볼 필요가 있다. 적성
과 환경의 적합성이 바로 이런 것이다. 아무리 좋은 대학이라도
자신의 성향과 맞지 않으면 최적의 성과를 낼 수 없다. 연구 중심
대학을 선호하는 아이가 실무 중심 대학에 가거나 그 반대의 경
우 모두 부적응으로 이어질 수 있다.

제우는 컴퓨터공학과 진학을 목표로 대학별 특성을 조사하면서
자신의 관심사를 더 구체화할 수 있었다. KAIST는 인공지능과 로
보틱스, 연세대는 소프트웨어 개발과 창업, 고려대는 게임과 콘
텐츠 개발에 강점이 있다는 것을 알게 되었다. 그 과정에서 자신
이 원하는 것은 '게임 개발'이라는 것을 깨닫고 고려대 컴퓨터학
과를 1순위로 정했다.

[3단계] 전공 관련 활동 설계

전공이 정해졌다면 이를 뒷받침할 수 있는 독서, 탐구, 실험, 비
교과 활동을 계획해야 한다. 미디어커뮤니케이션학과를 희망한
다면 영상 제작 프로젝트, 인터뷰 기사 작성, SNS 브랜딩 기획 활
동 등이 전공 적합성을 보여 주는 활동이 된다. 이 모든 과정은
학종에서 핵심 평가 요소로 작용한다.

경험은 지식보다 강력한 학습 도구이다. 책으로만 배운 지식과
직접 체험한 지식은 뇌에 저장되는 방식부터 다르다. 전공 관련
활동을 통해 얻은 경험은 면접에서도 생생한 스토리가 되고 대

학 진학 후에도 학습 동기로 작용한다.

약사에서 면역학 연구자로

중학교 2학년인 재영이는 '약사'가 꿈이라고 말했지만 약학과를 조사해 보니 화학 중심의 교육과정이라는 점에서 당황했다. 생명과학 쪽에 더 흥미를 느꼈던 재영이는 생명과학과로 목표를 바꾸고 '면역학 연구자'라는 새로운 진로를 구체화했다.

재영이는 바이러스 백신 개발을 주제로 보고서를 쓰고 학교 동아리 활동에서 RNA 백신의 원리를 발표하며 자신의 진로와 전공을 연결해 나갔다. 특히 코로나19 팬데믹 상황에서 mRNA 백신의 작동 원리를 친구들에게 설명하는 발표를 통해 자신의 관심사가 단순한 호기심이 아닌 사회적 기여로 이어질 수 있다는 확신을 갖게 되었다.

막연한 디자이너에서 UX 디자이너로

디자인을 좋아하던 혜진이는 처음에는 단순히 '디자이너'가 되고 싶다고 했다. 하지만 제품디자인, 시각디자인, UX디자인 등 디자인 안에도 다양한 전공과 진로가 있다는 것을 알고 나서는 관심 분야를 좁혀 나갔다. 특히 사람의 행동과 감정에 맞춘 인터페이스를 연구하는 UX디자인에 흥미를 느낀 혜진이는 산업디자인과, 심리학과, 정보디자인학과 등의 커리큘럼을 비교하며 목표 대학과 학과를 정했다.

그 과정에서 스마트폰 앱의 사용성을 분석하는 프로젝트를 진행했다. 같은 기능을 하는 여러 앱의 인터페이스를 비교해 사용자 경험을 개선할 수 있는 방안을 보고서로 정리했다. 이 경험을 통해 UX디자인이 단순히 예쁜 디자인이 아니라 사용자 중심의 문제 해결이라는 점을 깨달았다.

상위권 대학 전공 트렌드를 읽어라

2020년대 이후 상위권 대학들은 전통적인 학과 체계에서 벗어나 융합 전공을 강화하고 있다. 서울대는 자유전공학부를 통해 입학 후 다양한 전공을 탐색할 기회를 제공하며, 연세대는 언더우드국제 대학에서 인문·사회·자연 계열을 융합한 전공을 영어 수업으로 운영한다. 고려대는 뇌인지과학융합전공과 연계를 위한 인공지능학과, KAIST는 AI 기술과 산업 응용 및 정책을 아우르는 AI 대학 등을 신설하며 시대 흐름에 발맞춘 교육과정을 운영하고 있다.

이런 흐름 속에서 아이들은 단순히 좋은 대학, 인기 학과가 아닌 자신의 진로에 맞는 전공 커리큘럼과 교육 철학을 살펴야 한다. 전공은 더 이상 고정된 것이 아니라 대학 이후에도 계속 확장되고 변화하는 학문의 시작점임을 기억해야 한다.

미래학자들은 미래의 직업은 현재 존재하지 않는 것들이 대부분일 것이라고 예측했다. 따라서 특정 직업을 위한 전공보다는 변화하는 시대에 적응할 수 있는 기본 역량을 기를 수 있는 전공을 선택하는 것이 중요하다.

전공 선택이 입시 전략으로 연결된다. 고등학교의 진로선택 과목, 탐구 과목 선택, 비교과활동 등은 결국 '이 학생이 어떤 전공에 적합한가'를 보여 주기 위한 수단이 된다. 기후 변화에 관심 있는 아이가 환경과학과를 목표로 한다면 고등학교 2학년 때 '지구시스템과학', '기후 변화와 환경 생태' 같은 과목을 선택하고 생태계 보전 활동이나 기후 관련 독서 활동을 병행하는 것이 전략이다.

대입 면접에서도 전공 적합성은 핵심 평가 항목이다. 입학사정관은 희망 전공에 대해 무엇을 알고 있고, 어떤 준비를 했는지를 확인하고자 한다. 이때 학생부에 쌓인 기록은 전공 설계를 증명하는 강력한 도구가 된다.

최종 진로 결정은 아이 스스로

중학생은 아직 정보 탐색과 자기분석 능력이 부족할 수 있다. 이때 부모는 방향을 잡아 주는 조력자 역할을 해야 한다. 아이가 이야기하는 진로를 구체화해 주고 관련 전공과 대학 정보를 함께 찾아보며 '전공 설계 지도'를 만들어 보자. 종이 한 장에 진로, 전공, 대학, 필요한 활동, 관련 책 등을 정리해 보는 것만으로도 아이는 훨씬 명확한 목표를 가질 수 있다.

부모의 역할은 답을 주는 것이 아니라 아이가 스스로 답을 찾을 수 있도록 돕는 것이다. 전공 설계 과정에서도 부모는 정보를 제공하고 선택지를 넓혀 주되 최종 결정은 아이가 할 수 있도록 지지해야 한다. 진로를 향한 여정에서 전공은 교차로다. 방향을 잘못 잡으면 길을 잃고 잘 잡으면 속도가 붙는다. 그 교차로는 중학생 때부터 설계할 수 있다. 지금이 바로 전공이라는 이름의 나침반을 꺼내야 할 때다.

무전공학과의 함정

무전공학과, 출발점이지 피난처가 아니다

'진로가 정해지지 않았다면 무전공학과?'

이 생각은 오산이다. 최근 대입에서 '무전공학과(자유전공학부)'를 운영하는 대학들이 늘고 있다. 학생들이 다양한 학문을 접하고 입학 후 진로를 설계할 수 있게 하겠다는 취지이다. 서울대 자유전공학부, 연세대 언더우드국제대학, 고려대 자유전공학부, 이화여대 스크랜튼학부 등이 대표적이다. 이 학부들은 기존의 학과 체계에서 벗어나 학제 간 융합과 창의적 전공 설계를 강조한다.

그러나 이러한 자유로운 선택은 입시에서 만만한 선택지가 아니다. 특히 진로가 불확실하니 일단 무전공학과에 지원하자는 접근은 매우 위험하다.

입학은 자유롭지 않다

많은 아이와 학부모가 '무전공이니까 경쟁도 덜하지 않을까?'라고 생각한다. 하지만 현실은 정반대다.

서울대 자유전공학부는 매년 수시와 정시 모두에서 최상위권 학생들이 몰린다. 2024학년도 정시 기준으로는 서울대 인문 계열 중 최고 수준의 점수대가 형성되었으며 이는 전공 미결정이 아닌 복수 전공이나 융합 전공을 노리는 최상위권 수험생의 전략적인 선택임을 보여 준다. 연세대 언더우드국제대학 역시 영어로 진행되는 전공을 포함하고 있어 높은 언어 역량과 학업 계획이 요구된다.

자유전공학부는 아무나 가는 곳이 아니다. 이곳에 합격하는 아이들은 대부분 이미 진로 계획이 명확하고 그것을 더 창의적으로 구현하고 싶어 하는 아이들이다. '무전공'으로 들어가지만 '무계획'으로 들어가는 것이 아니다.

입학 후 전공 선택이 더 치열하다

무전공학과로 입학하더라도 이후 전공 선택은 성적과 평가를 기반으로 하는 경쟁을 거쳐야 한다. 연세대 언더우드국제대학은 일정 학점을 취득한 후 원하는 학과에 신청할 수 있지만 인기 있는 학과는 상위권 성적이 아니면 진입이 어렵다.

서울대 자유전공학부도 마찬가지로 일부 학생은 원하는 전공으로 이동하지 못하고 졸업을 미루거나 방향을 바꾸는 사례도 있다. 그래서 재학생들은 이런 하소연을 하기도 한다.

"입학 후 이제 진로 고민에서 벗어난 줄 알았는데 진짜 입시는 지금부터인 거 같아요."

"처음에는 전공을 나중에 고를 수 있다는 게 매력적으로 느껴졌는데 들어와 보니 더 빨리 결정을 내려야 하더라고요."

결국 진로가 불확실한 채로 입학한 아이들은 그 속도에 밀린다. 자유전공학부의 '자유'는 준비된 아이에게만 주어진 자유다. 목표가 없는 아이에게는 오히려 더 큰 혼란과 부담이 된다.

목표 없이 들어가면 길을 잃는다

무전공학과는 '길을 설계할 수 있는 아이'에게 유리하다. 애초에 진로가 불확실한 채로 들어가는 아이는 다양한 전공을 접하면서 더 혼란에 빠질 수 있다. 실제로 무전공학과 입학생 중 상당수가 졸업이 늦어지거나 중도 포기를 고민하는 경우도 있다. 이는 방향 없이 선택한 결과다. '내가 뭘 하고 싶은지 모르니까 일단 들어가서 정하자'라는 생각은 현실에서 큰 벽에 부딪히게 된다. 목표가 없는 탐색은 방황일 뿐이다.

무전공학과에서 제공하는 다양한 기회를 활용하려면 오히려 더 명확한 탐색 계획과 기준이 필요하다. 진로가 불확실한 아이가 자유전공학부에 들어가면 다양한 학문을 접하면서 시야가 넓어지기보다 결정 회피에 빠지는 경우가 많다. 선택지가 많아질수록 결정은 어려워진다.

"이것도 재미있고 저것도 괜찮아 보이는데 뭐부터 해야 할지 모르겠어요."

결국 시간만 흐르고 전공 선택 시점이 다가오면 불안이 폭발한다. 무전공학과에서의 탐색은 계획이 있을 때만 의미가 있다. 목표가 없는 탐색은 표류다. 또한, 무전공학과 학생들은 각 전공 수업을 맛보기 형태로 수강하면서 깊이 없는 탐색에 그치기 쉽다. 전공의 본질을 경험하기에는 시간과 구조가 제한되어 있기 때문이다. 결국 '아무거나 해 보자'라는 마음으로 들어가면 '아무것도 못 하고 끝난다.'

입학사정관은 전공 계획을 요구한다

학종에서는 자유전공학부 지원자라 하더라도 '왜 자유전공학부인가'에 대한 명확한 동기와 계획을 요구한다. 단순히 진로를 찾기 위해서라는 이유는 설득력이 부족하며 어떤 전공을 고민하고 있고 그 전공이 왜 여러 학문과의 융합이 필요한지에 대한 통찰이 있어야 한다. 자유전공학부는 오히려 전공 탐색에 대한 깊은 사유를 요구하는 준비된 지원자에게 열려 있는 기회다.

실제 면접 사례를 보면 "환경 문제 해결을 위해서는 과학적 지식뿐 아니라 정책학, 경제학, 심리학적 접근이 필요하다고 생각합니다. 자유전공학부에서 이런 융합적 관점을 기를 수 있을 것 같습니다"와 같은 구체적이고 논리적인 답변이 요구된다. 이 정도의 사고 구조가 있어야 면접에서도 논리적 설득이 가능하다.

진로가 없다면 오히려 전공 설계 훈련이 더 필요하다

진로가 불명확한 아이에게 지금 필요한 것은 입시 전략이 아니라 탐색의 훈련이다. 진로가 명확하지 않다는 이유로 무전공학과를 선택하기보다 지금부터 다양한 활동을 통해 흥미와 적성을 탐색하고 가설을 세우며 전공을 정하는 연습을 해 보는 것이 중요하다.

고등학교 시기에는 독서, 체험 활동, 동아리 활동, 교과 탐구활동을 하면서 자기만의 관심사를 좁혀 가는 과정이 필요하다. 이 과정을 통해 진로가 바뀌더라도 탐색의 힘은 진학 이후 전공 설계에도 결정적인 영향을 미친다.

변화가 빠른 시대에는 한 번 정한 전공이나 직업에 평생 매달리기보다 새로운 분야를 탐색하고 적응하는 능력이 더 중요하다. 반대로 아무런 탐색 경험이 없는 아이는 '자유전공학부'라는 이름의 무한한 선택지 앞에서 더 큰 혼란을 겪을 수밖에 없다.

무전공학과는 최종 선택이 아니라 탐색을 위한 출발점

무전공학과는 결코 진로가 없는 아이의 피난처가 아니다. 오히려 진로를 능동적으로 설계하려는 아이에게 주어지는 고난도 선택지다. 진로 탐색이 끝나지 않은 아이가 아니라 진로 탐색에 적극적인 아이에게 적합한 전공이다. 다양한 학문에 대한 열린 사고와 융합적 문제해결력을 준비한 아이라면 누구나 누릴 기회다.

실제 서울대 자유전공학부의 경우 시행 초기와 달리 지금은 지원자 대부분이 이미 특정 학문 분야를 전제로 진학한다. 그들은 진로를 결정하지 못한 학생이 아니라 새로운 방식으로 진로를 결정하고 싶은 학생이다. 이 점을 반드시 기억해야 한다.

다음은 현재 주요 대학에서 시행 중인 자율전공학부의 선발 방식 유형이다.

유형	선발 방식 특징	대학	특징 설명
유형 1 입학 후 전공 자유 선택형	입학 시 전공 미지정 → 일정 시점 이후 학생 선택에 따라 전공 배정	서울대 자유전공학부 연세대 진리자유학부(인문/자연) 고려대 자유전공학부 성균관대 자유전공계열 한양대 한양인터칼리지학부(인문/자연) 경희대 자율전공학부 이화여대 스크랜튼학부	- 전공 선택 폭이 넓음 - 전공 배정 시 성적/학점 경쟁 - 일부 학과(의대 등) 배정 제한 있음
유형 2 계열 제한 전공 선택형	인문/자연 계열로 입학 → 계열 내 전공만 선택 가능	서울대 첨단융합학부 연세대 첨단컴퓨팅학부 연세대 생명과학부 고려대 공과대학 성균관대 인문과학계열/사회과학계열/자연과학계열 이화여대 국제학부/인공지능데이터사이언스학부	- 전공 선택 범위가 제한적 - 입학 시 예정 전공을 드러내야 유리 - 계열 이동 어려움 있음

자율전공학부는 진로 설계를 더 깊이 준비해야만 누릴 수 있는 제도다. 진로가 불확실하다고 해서 무전공학과에 기대는 것은 위험하다. 지금 필요한 것은 전공 없는 입시가 아니라 전공을 향한 탐색 습관이다.

탐색은 선택이 아니라 능력이다. 고등학교 시절부터 독서, 토론, 체험, 프로젝트 등을 통해 스스로 흥미의 방향을 좁혀 온 아이만이 무전공학과에서 진짜 자유를 누릴 수 있다. 지금 우리 아이의 진로가 명확하지 않다면 해답은 무전공학과가 아니라 진로 탐색이다. 방향 없는 무전공이 아닌 방향 있는 탐색을 시작해야 한다.

진로 연계 과목 선택 전략

과목 선택, 점수가 아닌 방향이어야 한다

이미 문/이과 통합교육이 시행되고 있었지만 2022 개정 교육과정이 본격화되면서 고등학교는 더 이상 정해진 과목을 배우는 공간이 아니다. 이제 아이 스스로 배우고 싶은 과목을 선택하고 그 선택에 책임을 져야 하는 시대가 되었다. 교과 선택이 곧 진로의 방향을 보여 주는 지표가 되었고 대학은 이를 통해 학생의 진로 이해도와 학문적 정체성을 읽는다.

입학사정관들은 학생부를 볼 때 성적보다 먼저 과목의 구성을 살핀다.

"이 학생은 왜 이 과목을 선택했는가?"

이 질문에 대한 답이 담겨 있으면 아이는 이미 절반은 준비된 것이다. 따라서 과목 선택은 '성적이 잘 나올 것 같은 과목'을 고르는 일이 아니라 자신의 미래를 향한 방향성을 증명하는 과정이다. 진로를 정하지 않은 채 과목을 고르면 결국 방향 없는 방황이 된다.

전공 적합성에 맞는 과목 선택이 중요하다

진로 기반 과목 선택과 탐구 전략을 위해서는 2022 개정 교육과정을 이해해야 한다. 이 교육과정은 아이에게 더 많은 자유를 주는 동시에 선택의 무게도 함께 요구한다.

고등학교 3년 동안 아이들은 총 192학점을 이수해야 한다. 그중 174학점은 교과(보통교과), 18학점은 창의적 체험 활동으로 구성된다. 1학년은 국어, 수학, 영어, 한국사, 통합사회, 통합과학, 과학탐구실험과 같은 공통과목을 이수해야 하지만 2학년부터는 자신의 진로와 적성에 따라 일반선택, 진로선택, 융합선택 과목을 스스로 고를 수 있다. 이 시기부터의 과목 선택은 대학이 판단하는 전공 적합성의 직접적인 증거가 된다.

입학사정관들은 말한다.

"학생이 어떤 과목을 선택했는지보다 왜 그 과목을 선택했는지가 더 중요합니다."

즉 과목 선택은 학습의 과정이 아니라 진로를 향한 태도의 표현이다. 자신이 어떤 분야에 흥미를 느끼고 어떤 학문적 문제를 탐구하고 싶은지를 과목 구성으로 보여 주는 아이가 결국 대학이 찾는 인재다.

과목 선택의 자유는 아이의 진로 방향을 더욱 뚜렷하게 드러낸다.

인문 계열을 희망하는 아이라면 단순히 문학이나 독서 과목을 넘어서 '주제탐구독서', '문학과 영상', '독서 토론과 글쓰기' 같은 과목을 통해 사고력과 표현력을 확장할 수 있다. 이 과목들은 단순히 글을 읽는 것이 아니라 자기 생각을 구조화하고 타인의 의견을 논리적으로 반박하는 훈련이 된다. 결국 대학은 이 과정을 통해 아이의 사고력과 학문적 기초를 확인한다.

자연 계열에서는 수학과 과학의 과목 구성이 학문적 방향의 핵심이다. 수학 교과 안에서도 '확률과 통계'만으로는 부족하며 대부분의 이공계 학과에서 '미적분 I , II'와 '기하'가 필수로 권장된다.

대학은 학생의 선택을 통해 진로의 일관성을 본다. 서울대를 비롯한 주요 대학들은 전공별로 권장 과목을 제시하고 있다. 의과대학은 생명과학 일반선택 과목을 기반으로 '세포와 물질대사', '생물의 유전'을 포함한 3과목 이상의 진로선택 과목 이수를 권장한다. 화학부나 약학대학은 화학 관련 일반선택 과목과 함께 '화학 반응의 세계', '물질과 에너지' 등의 진로선택 과목을, 공학 계열은 물리학을 기반으로 '역학과 에너지', '전자기와 양자' 등의 진로선택 과목을 권장한다.

대학은 단순히 성적이 높은 학생이 아니라 그 전공에 적합한 학문적 기반을 쌓아 온 학생을 찾는다.

● 2022 개정 교육과정 교과목 편제

교과 영역	교과(군)	공통과목(학점)	필수 이수 학점	자율 편성
기초	국어	공통국어1, 공통국어2	8	학생의 적성과 진로를 고려하여 편성
	수학	공통수학1, 공통수학2	8	
	영어	공통영어1, 공통영어2	8	
	한국사	한국사1, 한국사2	6	
탐구	사회(역사/도덕 포함)	통합사회1, 통합사회2	8	
	과학	통합과학1, 통합과학2 과학탐구실험1, 과학탐구실험2	10	
체육·예술	체육	-	10	
	예술	-	10	
생활·교양	기술·가정/제2외국어/한문/교양	-	16	
소계			84	90
창의적 체험활동			18(288시간)	
총 이수 단위			192	

- 1학점은 50분을 기준으로 하여 16회를 이수하는 수업량이다.
- 필수 이수 학점의 학점 수는 해당 교과(군)의 '최소 이수 학점'으로 공통과목 학점 수를 포함한다.
- 기초 교과 영역(국어, 수학, 영어, 한국사) 이수 학점 총합은 81학점을 초과하지 않도록 하며, 교과 이수 학점이 174학점을 초과하는 경우에는 초과 이수 학점의 50%를 넘지 않도록 한다.

교과 영역	교과(군)	공통과목	선택 과목		
			일반선택	진로선택	융합선택
기초	국어	공통국어1 공통국어2	화법과 언어, 독서와 작문, 문학	주제 탐구 독서, 문학과 영상, 직무 의사소통	독서 토론과 글쓰기, 매체 의사소통, 언어생활 탐구
	수학	공통수학1 공통수학2	대수, 미적분 I , 확률과 통계	기하, 미적분 II , 인공지능 수학, 직무 수학	수학과 문화, 실용 통계, 수학과제 탐구
	영어	공통영어1 공통영어2	영어 I , 영어 II 영어 독해와 작문	영미 문학 읽기, 영어 발표와 토론, 심화 영어, 심화 영어 독해와 작문, 직무 영어	실생활 영어 회화, 미디어 영어, 세계 문화와 영어
	한국사	한국사1 한국사2			
탐구	사회	통합사회1 통합사회2	세계시민과 지리, 세계사, 사회와 문화, 현대 사회와 윤리	한국지리 탐구, 도시 의 미래 탐구, 동아 시아 역사 기행, 정치, 법과 사회, 경 제, 윤리와 사상, 인 문학과 윤리, 국제 관계의 이해	여행지리, 역사로 탐 구하는 현대 세계, 사회문제 탐구, 금융과 경제생활, 윤리문제 탐구, 기후변화와 지속가 능한 세계
	과학	통합과학1 통합과학2 과학탐구 실험1 과학탐구 실험2	물리학, 화학, 생명과학, 지구과학	역학과 에너지, 전자기와 양자, 물 질과 에너지, 화학 반응의 세계, 세포 와 물질대사, 생물 의 유전, 지구시스템과학, 행 성우주과학	과학의 역사와 문화, 기후 변화와 환경생 태, 융합과학 탐구
	체육		체육1, 체육2	운동과 건강, 스포츠 문화, 스포츠 과학	스포츠 생활1, 스포츠 생활2

교과 영역	교과(군)	공통과목	선택 과목		
			일반선택	진로선택	융합선택
	예술		음악, 미술, 연극	음악 연주와 창작, 음악 감상과 비평, 미술 창작, 미술 감상과 비평	음악과 미디어, 미술과 매체
	기술· 가정		기술·가정, 정보	로봇과 공학세계, 생활과학 탐구, 인공지능 기초, 데이터 과학	창의 공학 설계, 지식 재산 일반, 생애 설계와 자립, 아동 발달과 부모
	제2 외국어		독일어, 프랑스어, 스페인어, 중국어, 일본어, 러시아어, 아랍어, 베트남어	독일어 회화, 프랑스어 회화, 스페인어 회화, 중국어 회화, 일본어 회화, 러시아어 회화, 아랍어 회화, 베트남어 회화 심화 독일어, 심화 프랑스어, 심화 스페인어, 심화 중국어, 심화 일본어, 심화 러시아어, 심화 아랍어, 심화 베트남어	독일어권 문화, 프랑스어권 문화, 스페인어권 문화, 중국 문화, 일본 문화, 러시아 문화, 아랍 문화, 베트남 문화
	한문		한문	한문 고전 읽기	언어 생활과 한자
	교양		철학, 논리학, 심리학, 교육학, 종교학, 진로와 직업, 보건, 환경, 실용 경제, 논술	인간과 철학, 논리와 사고, 인간과 심리, 교육의 이해, 삶과 종교, 보건	인간과 경제 활동, 논술

● 진로에 따른 과목 선택의 예시 (※예시일 뿐 실제 과목 선택은 진로에 따라 달라질 수 있음)

구분		인문 계열	상경 계열
기초		화법과 언어, 독서와 작문, 문학, 주제 탐구 독서, 독서 토론과 글쓰기 대수, 미적분Ⅰ, 확률과 통계 영어Ⅰ, 영어Ⅱ, 영어 독해와 작문, 영미 문학 읽기	화법과 언어, 독서와 작문, 문학 대수, 미적분Ⅰ, 확률과 통계, 경제수학 영어Ⅰ, 영어Ⅱ, 영어 독해와 작문, 영미 문학 읽기
탐구		세계시민과 지리, 세계사, 사회와 문화, 현대사회와 윤리, 한국지리 탐구, 도시의 미래 탐구, 동아시아 역사 기행, 정치, 법과 사회, 경제, 윤리와 사상, 인문학과 윤리, 국제 관계의 이해 중 택 4~6	세계시민과 지리, 세계사, 사회와 문화, 현대사회와 윤리, 한국지리 탐구, 도시의 미래 탐구, 동아시아 역사 기행, 정치, 법과 사회, 경제, 윤리와 사상, 인문학과 윤리, 국제 관계의 이해 중 택 4~6
		물리학, 화학, 생명과학, 지구과학 중 택 1~2	물리학, 화학, 생명과학, 지구과학 중 택 1~2
생활·교양		기술·가정, 정보, 제2외국어, 제2외국어 회화, 한문, 한문 고전 읽기 일부 포함 택 4~5	기술·가정, 정보, 제2외국어, 제2외국어 회화, 한문, 한문 고전 읽기 일부 포함 택 4~5

구분		자연 계열	공학 계열
기초		화법과 언어, 독서와 작문, 문학 대수, 미적분Ⅰ, 미적분Ⅱ, 확률과 통계, 기하 영어Ⅰ, 영어Ⅱ, 영어 독해와 작문, 영미 문학 읽기	화법과 언어, 독서와 작문, 문학 대수, 미적분Ⅰ, 미적분Ⅱ, 확률과 통계, 기하 영어Ⅰ, 영어Ⅱ, 영어 독해와 작문, 영미 문학 읽기
탐구		세계시민과 지리, 세계사, 사회와 문화, 현대사회와 윤리 중 택 1~2	세계시민과 지리, 세계사, 사회와 문화, 현대사회와 윤리 중 택 1~2
		물리학, 화학, 생명과학, 지구과학 중 택 3~4 약학과 에너지, 전자기와 양자, 물질과 에너지, 화학 반응의 세계, 세포와 물질대사, 생물의 유전, 지구시스템과학, 행성우주과학 중 택 2~3	물리학, 화학, 생명과학, 지구과학 중 택 3~4 약학과 에너지, 전자기와 양자, 물질과 에너지, 화학 반응의 세계, 세포와 물질대사, 생물의 유전, 지구시스템과학, 행성우주과학 중 택 2~3
생활·교양		기술·가정, 정보, 제2외국어, 제2외국어 회화, 한문, 한문 고전 읽기 일부 포함 택 4~5	기술·가정, 정보, 제2외국어, 제2외국어 회화, 한문, 한문 고전 읽기 일부 포함 택 4~5

구분	간호·보건 계열	예술 계열
기초	화법과 언어, 독서와 작문, 문학 대수, 미적분Ⅰ, 미적분Ⅱ, 확률과 통계 영어Ⅰ, 영어Ⅱ, 영어 독해와 작문, 영미 문학 읽기	화법과 언어, 독서와 작문, 문학 대수, 미적분Ⅰ, 확률과 통계 영어Ⅰ, 영어Ⅱ, 영어 독해와 작문, 영미 문학 읽기
탐구	세계시민과 지리, 세계사, 사회와 문화, 현대사회와 윤리 중 택 1~2	세계시민과 지리, 세계사, 사회와 문화, 현대사회와 윤리, 한국지리 탐구, 도시의 미래 탐구, 동아시아 역사 기행, 정치, 법과 사회, 경제, 윤리와 사상, 인문학과 윤리, 국제 관계의 이해 중 택 3~4
탐구	화학, 생명과학	물리학, 화학, 생명과학, 지구과학 중 택 1~3
체육· 예술		음악: 음악 연주와 창작, 음악 감상과 비평, 음악과 미디어 미술: 미술 창작, 미술 감상과 비평, 미술과 매체 체육: 운동과 건강, 스포츠 문화, 스포츠 과학, 스포츠 생활1, 스포츠 생활2
생활· 교양	기술·가정, 정보, 제2외국어, 제2외국어 회화, 한문, 한문 고전 읽기 일부 포함 택 4~5	기술·가정, 정보, 제2외국어, 제2외국어 회화, 한문, 한문 고전 읽기 일부 포함 택 4~5

※ 상위권 학생이라면 미적분을 선택하는 경향도 보일 것이라는 점을 고려한 안내.

구분	취업을 목표로 하는 경우
기초	화법과 언어, 독서와 작문, 문학, 독서 토론과 글쓰기 대수, 미적분Ⅰ, 직무수학 영어Ⅰ, 영어 독해와 작문, 직무 영어, 실생활 영어 회화
탐구	세계시민과 지리, 세계사, 사회와 문화, 현대사회와 윤리 중 택 3~4
탐구	물리학, 화학, 생명과학, 지구과학 중 택 1~3
생활· 교양	기술·가정, 정보, 제2외국어, 제2외국어 회화, 한문, 한문 고전 읽기 일부 포함 택 4~5

* 출처: 서울진로진학정보센터(SEN)

과목 선택, 점수가 아닌 진로 방향으로 결정하라

아이의 꿈과 진로는 모두 다르다. 따라서 고등학교에서 배우는 과목은 성적을 위한 선택이 아니라 자신의 방향을 드러내는 선택이어야 한다. 교육과정에는 필수 이수 기준이 존재하지만 그 외의 선택은 아이 의지와 목표에 달려 있다. 고등학교는 단지 진학을 준비하는 공간이 아니라 각자의 진로를 향해 자신에게 필요한 배움을 스스로 설계하는 곳이기 때문이다.

진로를 생각하지 않은 채 시간표를 구성하는 것은 목표 없는 항해와 같다. 먼저, 고등학교 졸업 후 어떤 길을 가고 싶은지, 대학 진학을 목표로 할 것인지, 실무 중심의 진로를 택할 것인지를 구체적으로 그려 보아야 한다. 그 후 무엇을 배우면 좋을지, 어떤 과목이 내 꿈과 가장 가까운지를 찾아야 한다.

진로와 관련된 과목이라면 어렵더라도 도전해야 한다

도전의 과정에서 길러진 사고력과 문제해결력은 대학 입시는 물론 대학 생활에서도 큰 자산이 된다. 고등학교 시절의 학업 역량은 대학에서의 학문적 지속력을 결정짓는 바탕이 된다. 진로와 관련된 공부를 소홀히 하면 입시에서 경쟁력을 잃을 뿐 아니라 대학에 진학한 후에도 학업 적응에 큰 어려움을 겪을 수 있다.

과목 선택의 출발점은 일반선택이지만 핵심은 진로선택과 융합

선택이다. 자신의 관심 분야와 진로 방향에 맞는 과목이 있다면 그 과목이 다소 어려워도 도전해 보는 것이 좋다. 대학 진학을 목표로 한다면 대학 전공의 기초가 되는 과목을 반드시 이수해야 한다. 학과별로 요구되는 권장 과목은 대학의 전공 안내서나 입학처 자료를 통해 확인할 수 있다.

자연 계열로 진로를 정한 아이라면 수학은 '확률과 통계' 이외에 '기하'와 '미적분'까지 학습해야 한다. 이 세 과목은 대부분의 이공계 학과에서 요구된다. 과학의 경우 2학년 때는 과목 I 을, 3학년 때는 해당 교과에 해당하는 위계 과목을 선택해 심화 학습을 이어가는 것이 바람직하다. '생명과학 I '을 배웠다면 '세포와 물질대사', '생물의 유전' 등으로 확장하여 실험, 데이터 분석 중심의 탐구 역량을 길러야 한다.

모든 과학 과목을 이수할 수 없다면 난이도보다는 진로와의 관련성을 기준으로 선택해야 한다. 특히 공학, 자연 계열은 물리학과 화학의 비중이 높기 때문에 이 두 과목을 중심으로 학습 체계를 세우는 것이 유리하다.

인문사회 계열이라도 수학을 멀리해서는 안 된다

2022 개정 교육과정이 문/이과 구분을 폐지한 이유는 모든 아이가 필요와 흥미에 따라 수학과 과학을 더 깊이 있게 탐구할 수 있도록 하기 위해서다. 대학 진학을 목표로 한다면 '확률과 통계'는 물

론 전공에 따라 '미적분'까지 학습하는 것이 좋다. 경영학, 경제학, 심리학처럼 통계적 사고와 데이터 해석이 중요한 전공에서는 수학의 심화 선택이 전공 적합성을 높여 준다.

진로가 아직 확실하지 않은 아이라면 2학년 때 일반선택 과목에서 다양한 과학 분야를 1~2과목 정도 경험해 보는 것이 좋다. 이를 통해 흥미를 탐색하고 3학년 때 진로를 선택할 때 명확한 방향을 잡을 수 있다. 인문사회 계열로 진로를 정한 경우에는 3학년 때 관련 과목을, 자연 계열로 진로를 결정한 경우에는 진로선택 과학 과목을 선택하면 된다.

과목에는 위계가 존재하므로 학습 순서를 고려해야 한다. 과학, 한문, 제2외국어처럼 Ⅰ·Ⅱ로 구분된 과목은 특별한 경우를 제외하고 Ⅰ을 먼저 이수한 뒤 Ⅱ로 나아가야 한다. 수학의 경우 '대수'를 먼저 배우고 '미적분Ⅰ'을 이수하거나 두 과목을 병행할 수도 있다. '경제수학'은 '대수'를 배운 후에 배우는 것이 자연스럽고, '전문수학'이나 '이산수학'은 '공통수학Ⅰ·Ⅱ'를 모두 마친 뒤에 선택하는 것이 바람직하다.

선택 과목 중에는 수능과 직접적으로 연관된 과목도 있지만 수능 과목만을 기준으로 선택하는 것은 위험하다. 대학은 시험 성적만 아니라 아이가 어떤 공부를 해 왔는지를 종합적으로 평가하기 때문이다. 수능과 관련이 없더라도 자신이 배우고 싶은 과목, 진로와 관련된 과목이라면 적극적으로 선택해야 한다.

학교에 개설되지 않은 과목이라면 학교 간 협력 교육과정이나 온라인 공동교육과정을 통해 이수할 수 있다. 이는 새로운 과목에 대한 학습 의지와 자기주도성을 보여 주는 좋은 기회가 된다. 과목 선택 전에는 반드시 교과 담당 교사에게 해당 과목의 학습 내용과 평가 방식, 활동의 성격을 구체적으로 확인하는 것이 좋다. 진로 관련 상담은 진로진학상담교사와, 선택 절차나 시간표 구성은 담임교사와 상의해야 한다.

학종은 단순히 성적표를 평가하는 전형이 아니다. 아이가 선택한 과목의 흐름과 깊이, 그 속에서 보여 준 탐구 태도와 도전 정신을 함께 본다. 따라서 난이도가 높거나 이수 인원이 적은 과목을 선택했더라도 그 이유가 분명하고 성장과 탐구의 흔적이 보인다면 오히려 긍정적으로 평가된다. 대학은 아이의 탐구 과정과 지적 호기심을 더 높게 보기 때문이다.

결국 고등학교 교육과정에서 쌓아온 학습 역량은 대학 전공 수업을 이수할 수 있는 기초 체력이 된다. 이런 의미에서 학종은 내신 경쟁이 아니라 배움의 과정에서 드러난 '성장 서사'를 읽는 전형이라고 할 수 있다.

중학생이라면 지금부터 관심 있는 전공과 진로를 탐색하고 그 전공에서 중요하게 요구되는 권장 과목을 조사해야 한다. 각 고등학교의 교육과정표를 미리 살펴 자기 학교에서 개설되는 과목이 무엇인지 확인하고 개설되지 않는 과목은 보완할 수 있는 방법을 찾아야 한다. 이는 단순한 예습이 아니라 자신의 진로를 스스로 설계하는 능력을 키우는 과정이다.

과목 선택은 아이의 학문적 방향과 진로 준비도를 가장 분명하게 보여 주는 지표이다. 대학이 주목하는 것은 '전공 적합성'이다. 즉 권장 과목의 이수 여부와 세특, 탐구 활동의 연계성이 아이의 진로 인식과 준비도를 보여 주는 결정적 증거가 된다. 따라서 지금부터는 단순히 과목을 고르는 데 그치지 말고 왜 그 과목을 선택했는지, 배우면서 무엇을 느꼈는지를 꾸준히 기록하는 습관을 지녀야 한다. 이 기록이 결국 학생부의 세특이 되고 면접의 답변이 되며 대학이 말하는 '준비된 학생'의 증거가 된다.

과목 선택은 수업의 나열이 아니라 미래를 설계하는 첫 번째 선택이다. 한 과목의 결정이 한 사람의 방향을 바꾼다. 그렇기에 지금의 선택은 곧 미래를 향한 선언이다. 선택은 방향이고 방향은 결국 하나의 이야기가 된다. 진로와 연결된 과목을 선택하는 순간 아이는 이미 자신의 길을 걷기 시작한 것이다.

백지노트를 활용하여 당일 복습하기

공부는 결국 기억의 싸움이다

대부분의 아이는 '잊히는 속도'를 과소평가한다. 독일의 심리학자 에빙하우스가 제시한 망각곡선은 학습 후 1시간이 지나면 기억의 절반이 사라지고, 하루가 지나면 70% 이상이 사라진다는 사실을 보여 준다. 공부를 아무리 많이 해도 복습하지 않으면 그 노력은 단 하루 만에 반 이상이 사라진다. 이론으로는 단순하지만 이를 실제로 실천해 내는 아이는 많지 않다. 오늘 배운 것은 오늘 끝내자는 원칙이 필요하다. 당일 복습에 가장 효과적인 방법이 바로 백지노트 학습법이다.

백지노트는 교과서나 필기를 보지 않고 머릿속에 남아 있는 내용을 백지에 그대로 써 보는 학습법이다. 형식은 아무래도 좋다. 핵심은 내 머릿속에 있는 지식을 꺼내는 인출 과정이다. 공부는 새로 넣는 것보다 꺼내는 과정에서 훨씬 강하게 뇌에 각인된다. 백지노트를 쓰면 아는 것과 모르는 것이 한눈에 구분된다. 학습 효율을 높이는 가장 중요한 메타인지 과정인 것이다. 빈칸으로 남은 부분이 바로 나의 약점이다. 그 빈칸을 교과서로 채우는 순간 단기 기억이 장기 기억으로 바뀌는 것이다.

사교육 없이도 최상위권을 유지한 아이들의 공통점은 복습의 양이 아니라 '당일 복습 루틴'이었다. 하루 수업이 끝난 뒤 15~20분을 투자해 백지노트를 써 보는 아이와 일주일 치 필기를 모아서 복습하는 아이의 기억 잔존율은 다르다. 전자는 복습이 아니라 기억의 재활성화를 매일 경험하기 때문에 시험 한 달 전이 되어도 새로 공부할 것이 거의 없다. 반면 후자는 다시 처음부터 시작해야 한다.

서울대 합격생들의 공부 루틴을 분석해 보면 이 점이 명확하다. 많은 학생이 별다른 교재나 비법 대신 백지노트로 당일 복습 루틴을 지켰다. 서울대 국어교육과에 합격한 민지는 이렇게 말했다.

"백지노트는 단순한 복습이 아니에요. 머릿속의 내용을 재구성하면서 개념 간 연결을 다시 세우는 과정이에요."

민지는 학교 수업이 끝나면 바로 백지노트를 썼고 기억나지 않는 부분은 그대로 비워 둔 채 교과서를 활용해 채웠다. 이 10분짜리 루틴을 1년 동안 유지한 결과 시험 기간에는 새로 외울 게 거의 없었다고 한다.

백지노트의 효과, 기억의 구조화

기억은 단순히 저장되는 것이 아니라 의미 연결망으로 저장된다. 머릿속에서 정보를 꺼내어 사용하는 과정을 거치며 뇌는 정보를 단순히 기억된 사실이 아닌 설명 가능한 지식으로 바꾼다. 이는 뇌의 해마가 정보를 재구성해 전두엽으로 보내는 과정과 맞닿아 있다. 백지노트는 단순한 노트 필기가 아니라 뇌가 '이건 중요한 정보'라고 인식하도록 신호를 보내는 과정이다.

● **백지노트 작성 방법 (15~20분 루틴)**

1. 하교 후 노트를 펴지 않고 백지 한 장을 꺼낸다.

2. 그날 배운 내용을 떠올리며 기억나는 대로 써 내려간다. 정의나 개념, 실험 과정, 수식 혹은 예시까지 모두 적는다.

3. 기억이 안 나는 부분은 굳이 채우지 않는다. 빈칸으로 남겨 둔다. 그 빈칸이 바로 '공부해야 할 포인트'다.

4. 교과서를 펼쳐 빈칸을 빨간 펜으로 채워 넣는다.

5. 선생님이 강조한 부분은 형광펜으로 표시한다.

이 단순한 과정이 15분 이내에 끝난다. 하루에 단 15분이면 망각

곡선의 낙폭을 거의 70% 줄일 수 있다.

● 따라 하기

1. 준비물 (3분)
- A4 노트(또는 무지 노트) 1권: 과목별 분권 또는 한 권 통합(본인이 관리하기 편한 방식으로)
- 펜 2종: 기본 펜(검정), 수정용 펜(빨강)
- 작은 포스트잇: 다시 볼 것 표시용
- 타이머: 15~20분 고정(시간이 길어지면 다음 날 지속성이 무너진다.)
- 제목 규칙: 상단 왼쪽에 [과목/단원/날짜], 오른쪽에 T(수업 차시)만 적고 시작한다. 예) [생명과학 I /세포 호흡/10.28] 2차시

2. 작성 5단계 - 오늘 배운 것을 머리에서 꺼내 쓰기
[1단계] 과목 정하기 (10초)
- 그날 배운 주요 과목 1~2개만 선택한다. 욕심부리면 내일 무너진다.

[2단계] 백지에 쓰기 (7~10분)
- 교과서와 필기노트는 절대 보지 않는다. 떠오르는 대로 설명하듯 쓴다.
- 서술형: 정의 → 이유/원리 → 예시 → 비교 순으로 요약하듯 끌어내도 좋다.
- 계산형: 공식(말로 설명) → 적용 단계 → 단위/조건 → 예제 한 줄로 쓴다.
예) 윤리: 공리주의=최대 다수 최대 행복. 결과 중시. 칸트(의무론)와 대비: 칸트는 행위 동기·보편화 기준.

[3단계] 빈칸 남기기(실패 지점 표시) (즉시)
- 기억 안 나는 것은 과감히 비워 둔다.
  '○○의 조건 3가지: ① ○○, ②____ , ③____'처럼 밑줄만 길게 표시한다.
- 모르는 것은 억지로 쓰지 않는다. 빈칸 자체가 공부 목록이 된다.

[4단계] 교과서로 확인 및 대조 (5~7분)
- 노트를 왼쪽, 교과서를 오른쪽에 두고 빈칸만 채운다.

- 빨간 펜으로 빈칸 채우기(시각적으로 약점이 드러난다).
- 선생님이 수업에서 강조한 표현이나 예시는 별표(★) + 형광펜으로 표시한다.
- 학원에서 들은 설명은 (보충) 표시로 한 줄 추가한다.

[5단계] 요약 한 줄/다음 액션 (1분)
- 맨 아래 오늘의 한 줄과 다시 볼 포인트 1개만 적는다.
- 한 줄: 세포 호흡=포도당→ATP, 해당-크-전자전달 순, 산소 O_2 종착
- 다시 볼 포인트: 크렙스 회로 생성물 정확히!

★ 여기까지 15~20분이 표준이다. 길어지면 다음 과목이나 다음 날 루틴이 무너진다.

● 과목별 실전 예시

《국어(독서/문학)》

- 틀: 핵심어 5개 → 문단 구조(문제 제기-전개-결론) → 필자 입장과 논거 → 함정 선택지 유형
- 문학은 작품 정보(갈래/시점/서술자) → 핵심 정서와 주제 → 장치(비유, 역설 등) → 대표 구절

《수학》

- 공식 암기 대신 정의/조건/반례를 적는다.

  예) 등비수열 합: 조건 $|r|<1$, 무한급수 $S=a/(1-r)$. 반례 $r=1$, 발산

《과학》

- 개념 → 원리 → 그림/표 → 실험 변수 순으로 정리한다.
- 꼭 오개념 한 줄: 광합성=빛 → 포도당 생성(호흡과 혼동 금지)

《사회/역사》

- 원인 → 전개 → 결과/영향, 지도/연표를 말로 설명
- 경제/정치: 용어 정의(법/제도), 지문에 자주 나오는 표현 그 대로 적기

《영어》

- 지문 핵심 문장 3개를 한국어로 의역 → 문단 흐름(나열/대조/ 인과) → 함정 패턴. 어휘는 5개만 '문장 속'으로 다시 쓰기(단 어장 나열 금지)

백지노트 습관은 시험 준비에 결정적인 차이를 만든다. 시험 기간에 새로운 내용을 외우는 아이와 이미 머릿속에 개념 구조가 완성된 아이의 공부 효율은 비교가 되지 않는다.

백지노트를 꾸준히 작성한 아이는 시험 2주 전부터 빨간 펜으로 표시한 부분만 복습하면 된다. 이 구간이 바로 자신의 약점이다. 시험 일주일 전에는 백지노트의 빨간 펜 부분만 모아 '오답 카드'를 만든다. 이 과정에서 이해는 했지만 설명이 안 되는 부분, 헷갈렸던 개념 쌍, 조건이 비슷한 문제 유형을 정리하면 시험 전날에는 머릿속이 이미 정리된 상태가 된다. 결국 백지노트의 진짜 가치는 복습의 타이밍을 잡는 데 있다.

복습은 양이 아니라 속도다

그날 배운 것을 그날 정리하면 뇌는 '이건 중요한 정보구나'라고 판단해 장기 기억으로 보낸다. 하루만 미뤄도 그 효과는 절반 이하로 떨어진다. 나는 지금도 아이들에게 말한다.

"학원 수업이 아무리 좋아도 시험을 내는 건 학교 선생님이다."

결국 내신의 본질은 교과서 중심 복습이며, 그 교과서를 온전히 내 것으로 만드는 가장 단순하고 강력한 방법이 바로 백지노트다. 공부의 본질은 화려한 공부법이 아니라 꾸준히 꺼내 쓰는 루틴이다.

학기 중에는 백지노트로 당일 복습을 하고, 방학 중에는 교과 3리딩으로 예습한다. 시험 기간에는 개념 정리와 문제 풀이, 오답 분석으로 이어지는 이 루틴이 완성될 때 공부는 더 이상 해야 하는 일이 아닌 습관이 된다.

백지노트, 공부를 넘어 삶의 습관으로

백지노트를 쓰는 이유는 단순히 시험 점수를 올리기 위해서가 아니다. 이 습관은 학생으로 살아가는 방식을 훈련하는 과정이다. 하루를 어떻게 마무리하느냐는 공부뿐 아니라 인생의 태도를 결정한다. 오늘 배운 것을 오늘 정리하는 습관은 책상 앞의 성실함을 넘어 삶을 관리하는 자기조절능력을 키운다.

매일 백지노트를 쓰는 아이는 시간을 스스로 설계할 줄 안다. 수동적으로 '공부하라'는 말을 기다리는 것이 아니라 스스로 학습의 리듬을 만들어 낸다. 그 리듬이 자기주도성이라는 가장 강력한 자산이 된다. 이 습관은 학생 때로 끝나지 않는다. 대학에 가서도, 사회에 나가서도 형태만 달라져 이어진다. 백지노트가 업무 일지, 프로젝트 메모, 자기 점검 노트로 바뀌는 것이다. 공부 습관은 결국 삶을 다루는 기술로 진화한다.

서울대 합격생들이 말하는 공부의 공통분모는 천재적인 암기력이 아니라 '오늘 배운 것은 오늘 정리하는 습관'이었다. 기억은 머릿속에 쌓아 두는 것이 아니라 꺼내면서 단단해진다. 오늘의 백지노트 한 장이 당신의 내일을 바꾼다.

교과서 3리딩법으로
자기주도 예습하기

"H.O.T.가 뭐죠?"라는 어록(?)으로 유명한 1999학년도 수능 최초 만점자 오승은 씨가 TV 예능 프로에 출연했다. 그녀는 교과서를 대하는 자세가 남달랐다. 시험을 보기 위한 수업 교재가 아니라 학년별로 각 교과목에 실려 있는 내용이 어떤 내용일지 궁금해했다는 것이다. 과학이라면 '수천 년 동안의 인류 과학사 중 이번 학년에는 어떤 내용을 다루고 있을까?'와 같은 호기심이다.

진행자가 한 가지 질문을 덧붙였다.

"학창 시절에 부모님으로부터 공부하라는 소릴 들어본 적이 있으신가요?"

"아뇨. 거의 없어요."

이 영상을 가족 단톡방에 공유했을 때 학창 시절 전교 1등을 거의 놓치지 않았던 큰누나가 말했다.

"나도 학교 다닐 때 방학식 날 교과서를 나눠 주면 집에 가서 빨리 읽고 싶어서 뛰어갔었어."

많은 아이가 방학만 되면 선행 학습이라는 이름 아래 학원으로 발걸음을 옮긴다. 다음 학기 교재를 미리 배우면 마음이 한결 가벼워질 것 같고 다른 친구들보다 앞서 있다는 안도감도 든다. 그러나 그건 진짜 예습이 아니다. 남이 시켜 주는 예습, 정보를 미리 듣는 예습일 뿐이다. 그렇게 배운 내용은 내 것이 되지 않는다. 스스로 생각해 본 적이 없기 때문이다. 진짜 예습은 타인의 강의가 아니라 나의 사고로 만들어지는 공부다.

교과서 3리딩이란

학원에서 가르쳐 주는 선행과 달리 교과서 3리딩은 내가 주체가 되어 읽고, 이해하고, 다시 점검하는 '사고의 반복 훈련'이다. 이 과정을 통해 아이는 단순히 내용을 아는 사람을 넘어 배움을 스스로 조절할 줄 아는 사람으로 성장한다.

특별한 비법은 없다. 교과서를 3번 읽고, 각 문장을 스스로 설명할 수 있을 때까지 멈추지 않는 태도가 필요할 뿐이다. 남이 가르쳐 주는 정보를 반복하는 공부가 아니라 스스로 이해하고 점검하는 과정이다. 이것이야말로 진짜 예습의 본질이다.

교과서 3리딩은 1차 - 2차 - 3차 읽기로 구성된다.

[1차 리딩] 가볍게 읽으며 흐름을 잡는 단계

첫 번째 읽기는 부담 없이 시작해야 한다. 이 단계의 목표는 '교과서의 전체 흐름과 구조를 파악하는 것'이다. 완벽히 이해하려 하지 말고 모르는 부분은 일단 넘긴다.

교과서의 제목, 소단원 구성, 굵게 표시된 핵심 개념 그리고 사진이나 삽화, 실험 활동 등을 빠르게 훑으며 내용의 윤곽을 잡는다. 이 과정에서 중요한 것은 해당 단원이 어떤 이야기를 하는가를 감각적으로 익히는 것이다.

완벽한 이해보다 중요한 것은 전체의 맥락을 잡는 것이다. 모르는 부분이나 생소한 용어에는 가볍게 밑줄로 표시해 두자.

[2차 리딩] 용어를 중심으로 이해를 깊게 하는 단계

두 번째 읽기는 '낯섦을 해소하는 과정'이다. 1차 리딩에서 밑줄을 그었던 용어나 어렵게 느꼈던 개념을 중심으로 다시 교과서를 읽는다. 이번에는 모르는 단어를 그냥 넘기지 않는다. 그 뜻을 찾아 보고 본문에서 어떤 의미로 쓰였는지 생각하며 읽는다. 이때 활용할 수 있는 방법은 두 가지다. 첫째, 포스트잇 방식이다. 교과서 여백에 모르는 용어나 중요 개념의 뜻을 메모하고 해당 페이지에 붙인다. 둘째, 용어노트 작성 방식이다. 과목별로 노트를 만들어 용어와 정의, 실제 예시를 함께 정리한다.

사회 과목이라면 '조세'라는 단어의 뜻뿐 아니라 그 단어가 등장한 문맥(세금의 종류, 목적, 제도 등)을 연결하여 기록하면 된다. 이 과정을 통해 아이는 단어 중심의 암기에서 개념 중심의 이해로 넘어간다.

교과서의 문장이 읽히기 시작하고 문장 속 개념이 서로 연결되며 지식의 구조가 서서히 머릿속에서 자리 잡는다. 2차 리딩은 그 전환의 과정이다.

[3차 리딩] 설명할 수 있을 때까지 점검하는 단계

세 번째 읽기는 '진짜 내 것으로 만드는 과정'이다. 2차 리딩까지 마쳤다면 이번에는 스스로 점검하는 시간을 가져야 한다.

교과서의 내용을 다른 사람에게 설명한다고 가정하고 읽어 보자. 그 과정에서 설명이 막히거나 정확히 이해되지 않는 개념이 나오면 형광펜으로 표시한다. 이때 중요한 기준은 이 내용을 친구에게 설명할 수 있는가이다. 그렇지 않다면 아직 완전히 이해한 것이 아니다.

형광펜으로 표시된 문장은 개학 후 수업에서 교사가 설명할 때 자연스럽게 집중하게 되는 부분이 된다. 즉 내가 더 깊게 이해해야 할 포인트가 시각적으로 드러나는 것이다. 이 과정을 통해 아이는 교사의 설명을 수동적으로 듣는 것이 아니라 이미 점검해 둔 부분에 의식적으로 집중하는 능력을 기르게 된다.

교과서 3리딩의 효과

교과서 3리딩을 꾸준히 실천한 아이는 수업 시간에 집중력이 눈에 띄게 향상된다. 이미 한 번 이상 읽고 이해해 보려고 노력했던 내용이기 때문에 교사가 설명할 때 자연스럽게 주의를 기울이게 된다. 이전에는 어렵게 느껴졌던 발표나 질문 시간에도 자신감이 붙는다. 이미 아는 내용을 말하는 것은 두려움의 대상이 아니기 때문이다.

무엇보다 수업이 훨씬 재미있어진다. 이전에는 낯설던 개념이 교사의 설명과 연결되며 이해될 때 그 순간의 통찰이 주는 만족감은 크다. 학습의 흥미는 이해에서 비롯된다. 이해한 만큼 세상이 넓어진다는 사실을 스스로 깨닫게 된다.

교과서 3리딩은 단순한 공부법이 아니라 자기주도학습의 출발점이다. 스스로 계획을 세우고 자신의 학습을 조절하며 무엇을 알고 무엇을 모르는지를 구분할 수 있는 힘, 이것이 바로 메타인지 능력이다. 메타인지는 학습 효율을 높이는 핵심 요소다. 내가 어떤 개념을 이해했고 어떤 부분에서 막히는지를 파악할 수 있다면 공부는 훨씬 더 전략적으로 된다.

교과서 3리딩은 메타인지 능력을 키워 주는 가장 구체적이고 실천적인 방법이다. 다음 학기의 수업은 그저 반복이 아니라 확신이 되고 시험공부는 암기가 아닌 복습이 된다. 이 작은 습관이 공부의 본질을 바꾼다.

교과서 3리딩을 하다 보면 어느 순간 신기한 경험을 하기도 한다. 처음에는 이해되지 않던 내용이 두 번째, 세 번째 읽기에서 서서히 연결되고 '아, 이 부분 재밌다', '이건 좀 더 알고 싶다'라는 감정이 생긴다. 이 흥미의 순간을 놓치지 않는 것이 중요하다. 그것이 바로 탐구의 씨앗이 된다.

교과서를 읽을 때는 반드시 이해의 표시뿐 아니라 흥미의 표시도 함께 남겨 두자. 형광펜을 두 가지 색으로 구분하는 것도 좋은 방법이다. 개념 이해가 필요한 부분은 노란색으로, 재밌거나 더 알고 싶은 부분은 하늘색으로 표시한다. 또는 여백에 작게 별표를 그려 두거나 포스트잇에 '나중에 탐구해 보기'라고 적어 붙여도 좋다.

이것은 단순한 취향 표시가 아니다. 이 감정의 흔적을 남겨 두면 나중에 학생부 탐구 주제를 정할 때 큰 도움이 된다. 많은 아이가 탐구 주제를 억지로 찾으려 하지만 사실 그 단서는 이미 교과서 속 흥미의 흔적 안에 숨어 있다. 과학 교과서를 읽다가 '적외선 센서'라는 단어가 흥미롭게 느껴졌다면 그건 단순한 기술 용어가 아니라 진로의 단서가 될 수 있다. 그 한 단어가 '적외선 센서와 자율주행 기술의 원리' 같은 탐구 주제로 발전할 수 있는 것이다.

사회 교과에서 '기후 불평등'이라는 표현이 눈에 들어왔다면 이는 '기후 변화가 국제 정치에 미치는 영향'이라는 사회/지리 융합 탐구 주제로 확장될 수 있다. 이처럼 교과서 3리딩은 예습의 과정이자 진로 탐색의 준비 작업이다.

단원별로 자신이 재미있다고 느낀 개념을 체크하고 노트에 관심사 키워드 리스트를 만들어 두면 좋다. 이 리스트는 개학 후 자율 탐구 활동, 독서 주제, 세특 연계 탐구 주제로 이어질 수 있다.

결국 공부는 외워야 하는 일이 아니라 나를 알아가는 과정이다. 교과서 3리딩은 단지 내용을 이해하기 위한 방법이 아니라 내가 무엇에 흥미를 느끼는 사람인지를 찾아가는 탐색의 과정이기도 하다. 그 작은 호기심 하나가 진로를 열고 그 흔적이 학생부 속에서 탐구력 있는 학생으로 기록된다.

이해의 밑줄 위에 흥미의 별표를 남겨라. 그것이 공부를 단순한 예습에서 진로 탐색과 학생부의 성장 서사로 확장하는 첫걸음이다.

이처럼 방학 동안의 교과서 예습은 단순히 다음 단원을 미리 보는 일이 아니다. 그것은 공부의 구조를 내 안에 새롭게 세우는 일이다. 교과서는 학교 교육의 공식 언어이자 사고의 기본 단위다. 교과서를 읽는다는 것은 세상을 이해하려는 태도를 배우는 일이다. 교과서 속 문장 하나하나에 인류가 쌓아 온 지식과 언어의 질서가 녹아 있기 때문이다. 10여 년 전에 들은 한 강의에서 가장 기억에 남는 말이 있다.

"교과서는 단연코 가장 과학적이고 체계적인 학습 도구입니다."

교과서 3리딩, 배움을 통한 성장의 과정

교과서 3리딩은 방학의 시간을 지식의 기초 체력을 다지는 시간으로 바꾸어 준다. 그 과정을 통해 아이는 단순히 예습하는 사람이 아니라 스스로 배우는 힘을 가진 학습자로 성장한다.

학기가 시작되면 교과서 3리딩에서 쌓은 기반 위에 백지노트 당일 복습을 추가하면 된다. 그것이 학기 중 루틴의 핵심이다. 그리고 시험 기간이 다가오면 이 두 가지 습관이 자연스럽게 하나로 연결된다. 교과서 3리딩으로 다진 이해, 백지노트로 쌓은 기억, 이 두 축 위에 세워지는 마지막 루틴, 바로 시험 기간의 반복 복습 시스템이다.

10회독 루틴으로
시험 기간 반복 학습하기

시험을 이벤트가 아닌 루틴으로

드라마 〈응답하라 1998〉에서 덕선이가 독서실에서 공부하는 모습은 많은 사람에게 큰 웃음을 준다. 책상 닦기부터 책 정리, 필기도구 정리까지 공부하기 전 준비 과정에 모든 에너지를 쏟고 정작 앉아서는 잠이 든다.

식스센스 성향 분석에 따르면 덕선이는 100% 현대형 아이가 확실하다. 하지만 이 모습은 현대형 아이에게 국한된 현상은 아니다. 루틴이 아니라 이벤트로 공부하는 모든 아이에게 나타나는 모습이다.

시험 기간이 다가오면 교실의 공기가 바뀐다. 평소에는 책과 거리가 먼 친구가 단어장을 들고 다니고 공부 안 하던 친구가 도서관을 점령한다. 그리고 모두가 이렇게 말한다.

"이번 시험은 진짜 열심히 해 보려고."

하지만 시험이 끝나면 그 '진짜'는 다음 시험 전까지 사라진다. 이유는 간단하다. 공부를 기간으로만 생각하기 때문이다. 최상위권 성적을 유지하는 아이들은 다르다. 그들에게 시험은 이벤트가 아니라 '루틴'이다. 그저 늘 켜져 있던 공부 시스템을 조금 더 강하게 조율하는 시기일 뿐이다.

많은 아이가 시험 4주 전이 되어서야 공부를 시작한다. "이번에는 정말 열심히 해 보자"라는 다짐으로 새 노트를 사고 형광펜을 쥔다. 하지만 시험이 끝나면 다시 공부에서 손을 뗀다. 이렇게 '단기 집중 → 장기 공백'의 패턴이 반복될수록 학습 효율은 급격히 떨어진다.

서울대 합격생들의 공부 습관을 분석해 보면 한 가지 공통점이 있다. 그들은 시험 기간만 공부하는 것이 아니라 공부의 사이클을 설계한다. 그 핵심이 바로 '10회독 시스템'이다. 이는 의지나 노력의 문제가 아니라 1년 동안 학습의 흐름을 반복 중심으로 설계한 루틴의 결과다.

그러면 10회독 루틴은 어떻게 만들어지는가? 10회독이라고 하면 대부분 "교과서를 열 번 읽는다고?"라며 놀란다. 하지만 실제로 서울대 합격생들이 말하는 10회독은 억지로 반복하는 공부가 아니다. 방학, 학기 중, 시험 기간의 루틴이 자연스럽게 이어지면서 완성되는 구조적 반복이다.

방학 동안 한 교과서를 3회독 하면서 기본 틀이 만든다. 학기 중에는 수업 후 당일 복습으로 백지노트를 작성한다. 이 과정에서 교과서 1회독 이상의 학습 효과를 낸다. 단순히 읽는 게 아니라 기억을 꺼내며 쓰는 학습이기 때문이다. 여기까지 교과서 4회독을 하게된다. 시험 기간이 되면 6회 또는 그 이상을 채울 수 있다.

개인차가 있겠지만 본격 시험 대비는 보통 4주 전부터 시작한다. 잡스형과 현대형 아이들에게는 이 기간이 길게 느껴질 수 있고, 노벨형과 유비형 아이들에게는 불안감을 유발할 정도의 짧은 기간일 수 있다. 시험 대비 단계적 전략을 정리해 보자.

[시험 4주 전] 개념 정리의 시기

이 시기는 '기억의 회복기'다. 아직 시험 범위에 해당하는 진도를 수업하고 있을 것이다. 학기 중 꾸준히 진행하고 있는 백지노트를 게을리하지 않고 정리된 내용을 다시 꺼내고 교과서와 학습지를 다시 읽으며 중요한 개념을 표시한다.

이때 모든 내용을 다시 정리하는 게 아니라 내가 어려워했던 부분만 골라낸다. 특히, 유비형 아이 중에 모든 것을 정리해야만 마음이 안정되는 친구들이 있다. 시간을 효율적으로 소비하고 효과를 내려면 중요하고 어려운 내용을 구분해 내는 평소 공부가 뒷받침되어야 한다. 이 주간에는 문제 풀이에 집착할 필요가 없다. 개념에 집중하자. 이때의 교과서 리딩이 2~3회 정도 누적된다.

[시험 3주 전] 문제 풀이와 개념 연결

4주 전부터 하는 백지노트와 개념 정리는 그대로 유지하면서 개념 확인 문제와 기본 유형 문제 풀이를 병행한다. 단순히 맞고 틀림에 집중하지 않고 "왜 틀렸는가?"를 백지노트에 추가 기록한다.

여전히 개념과 기본에 집중한다. 그 부분이 탄탄하다고 판단되면 문제량을 늘려도 좋다. 이 시기의 교과서 리딩 또한 2~3회 추가된다. 문제를 풀며 교과서의 근거를 찾아보는 과정을 통해 문제 풀이 리딩이 완성된다.

[시험 2주 전] 문제량 극대화

이제부터는 실제 시험 난이도에 맞춘 양적 반복 훈련이 필요하다. 모든 유형을 섭렵하기보다 수업 중 교사가 강조한 개념과 빈출 단원을 중심으로 문항에 담긴 출제 의도를 파악하는 데 집중한다. 문제량과 난이도를 모두 끌어올린다. 이때는 교과서를 다시 2~3회 리딩하며 세부 개념을 다듬는다.

[시험 1주 전] 오답 분석 및 최종 점검

마지막 주는 복습의 완결 단계다. 백지노트의 빈칸 부분, 형광펜으로 표시된 문장, 틀린 문제에 대한 오답 분석을 한다. 오답노트의 핵심 문항을 빠르게 반복 점검한다.

시험 시간표에 따른 과목별 우선순위를 세우고 최종 교과서 리딩을 1~2회 추가하면서 전체 누적 10회독 이상을 만들어 낸다. 이때 아이의 뇌는 단순 암기에서 벗어나 장기 기억과 개념 연결이 이루어진 안정된 학습 구조를 형성한다.

반복은 집중력을 만든다. 공부는 오래 하는 사람이 아니라 반복해서 공부하는 사람이 유리하다. 한 번에 몰아서 공부하는 아이는 금세 지치지만 하루에 조금씩이라도 반복하는 아이는 끝까지 집중력을 유지한다. 이는 뇌의 회로 강화 원리 때문이다. 같은 자극(개념)을 주기적으로 되살리면 뉴런 간 연결이 점점 굵어지고 신호 전달 속도가 빨라진다. 그래서 10회독은 단순 반복이 아니라 '뇌의 재배선'이다.

오답노트의 힘

시험이 끝난 뒤 대부분의 아이는 점수를 확인하고 문제지를 덮는다. 틀린 문제를 그냥 넘어가는 것은 공부의 절반을 버리는 일이다. 공부 잘하는 아이들의 루틴을 보면 오답을 다시 보는 시간이 전체 공부 시간의 20% 이상을 차지했다. 왜일까? 공부는 단순히 맞히는 훈련이 아니라 틀린 이유를 분석하는 사고의 훈련이기 때문이다. 오답은 실수의 흔적이 아니라 내 사고의 구조를 보여 주는 지도다.

오답노트의 핵심은 문제가 아니라 원인이다. 많은 아이가 오답노트를 쓸 때 문제 번호를 적고 정답을 옮겨 적는 데 그친다. 하지만 그것은 단순한 기록이거나 피드백이 없는 복사 작업일 뿐이다.

오답노트를 쓸 때 다음 네 가지를 꼭 기억하자.

- **틀린 이유** : 단순 실수인지, 개념 부족인지, 문제 해석 오류인지
- **필요 개념** : 이 문제를 풀기 위해 반드시 알아야 할 핵심 이론
- **유형 분류** : 이 문제는 어떤 단원, 어떤 유형의 응용문제인지
- **대체 사고** : 다음에 같은 문제를 본다면 어떻게 접근할 것인가

이 과정을 거치면 한 문제를 단순히 다시 푸는 것이 아니라 '틀림 → 이해 → 재구조화'의 학습 과정으로 바꾼다.

피드백은 기억보다 중요하다. 뇌는 실수를 통해 더 오래 기억한다. 심리학에서는 이를 '오류 기반 학습'이라고 한다. 틀린 문제를 다시 마주하고 그 이유를 설명하려 할 때 전두엽의 오류 감지 회로가 활성화되고 기억은 단기 저장소에서 장기 기억으로 옮겨 간다.

오답은 단순히 틀린 경험이 아니라 뇌가 스스로 회로를 수정하는 업데이트 과정이다. 이 피드백 루틴이 없으면 다음 시험에서도 같은 실수를 반복한다.

4단계 오답 분석 루틴

하루에 1시간 만이라도 꾸준히 실천하면 성적 곡선이 달라진다.

● **분류**

시험 문제를 실수형, 개념 부족형, 응용 부족형, 시간 부족형으로 분류한다. 이 분류만으로도 공부 방향이 명확해진다.

● **원인 분석**

유형별로 원인을 구체적으로 적는다.

- 실수형 : 계산 순서 혼동, 부호 실수
- 개념 부족형 : 용어 혼동, 정의 미암기
- 응용 부족형 : 문제 변형 시 적용 불가
- 시간 부족형 : 풀이 순서 비효율

● **대체 학습**

각 오답에 맞는 보완 학습을 정한다.

- 개념 부족형 : 교과서 해당 부분 다시 읽기
- 응용 부족형 : 같은 유형 세 문제 이상 추가 풀이
- 시간 부족형 : 제한 시간 내 재풀이 훈련

● **재점검**

시험 1주 전에는 오답노트만 따로 다시 읽는다. 문제를 다시 푸는 것이 아니라 "왜 이걸 틀렸었지?"를 되짚으며 사고의 경로를 재점검한다.

이 과정을 거치면 다음 시험에서 같은 실수를 반복하지 않는다.

오답노트는 단순한 복습 도구가 아니다. 그것은 내 생각이 어떻게 바뀌어 왔는가를 시각화한 학습 일기다. 오답노트를 꾸준히 쓰면 점점 문제를 푸는 패턴이 보인다. 어떤 유형에 강하고, 어떤 단원에서 약한지 스스로 알게 된다.

공부의 끝은 오답에서 완성되고, 공부의 진화는 피드백에서 시작된다. 시험마다 오답을 남기지 않고 그 피드백을 다음 학기의 교과서 리딩이나 백지노트에 반영할 수 있다면 그것은 닫힌 공부가 아니라 순환하는 공부가 된다.

오답은 끝이 아니라 다음 루틴의 시작이다. 이 루틴은 단순한 시험 대비 방법이 아니라 아이가 스스로 성장하는 자기 점검의 시스템이다. 다음 시험을 준비할 때 교과서 3리딩과 백지노트 그리고 오답 피드백이 한 사이클로 연결된다면 공부는 더 이상 불안한 시험 준비가 아니라 자신의 성장을 확인하는 과정이 된다.

시험 이후의 루틴, 순환하는 공부

시험이 끝났다고 루틴이 끝나는 게 아니다. 진짜 공부는 시험 이후의 복기로 완성된다. 오답노트를 다시 읽고, 백지노트의 빈칸을 채우며 이번 시험에서 약했던 단원을 정리해야 한다. 그렇게 정리한 내용이 방학 중 교과서 3리딩의 1차 자료가 된다. 즉 1년의 공부는 '예습 → 복습 → 반복 → 피드백'의 순환 구조로 이어진다.

서울대 합격생들의 '10회독 공부법'은 특별한 천재의 노하우가 아니다. 그들은 단지 이 순환을 멈추지 않았을 뿐이다. 시험은 단 한 번의 결과가 아니라 매일 쌓아 온 학습 과정이 만들어 낸 결과이다.

진짜 공부는 시험 기간에만 하는 공부가 아니라 시험이 없는 날에도 반복되는 루틴에서 완성된다. 성적은 공부를 얼마나 열심히 했는가가 아니라 얼마나 꾸준히 반복했는가로 결정된다.

아이들에게 항상 강조한다.

"시험을 무조건 잘 봐야 하는 것은 아니다. 다만, 학생으로서 주어진 일을 해내기 위해 최선을 다해 보는 경험은 매우 중요하다."

교과 연계 탐구 주제로
학생부 관리하기

질문, 탐구의 출발점이 되다

"선생님, 학교에서 자율 주제 탐구하라고 하는데 뭐 할까요?"

내가 가장 싫어하는 질문이다. 그런데 대부분의 아이가 하는 질문이기도 하다. 진로에 대해 깊이 고민해 보았거나 공부를 진지하게 대하는 아이들은 다르게 질문한다.

"선생님, 생명과학 수행평가로 자율 주제를 정해야 하는데요. 유전자 단원 수업 시간에 선생님께서 유전자 가위 기술을 살짝 언급하셨는데 찾아보니 기술적 발전과 윤리적 측면의 충돌 관련 내용이 재미있더라고요. 이 내용 관련해서 탐구해 보면 어떨까요?"

어떤 아이를 더 도와주고 싶을까? 전자와 같이 질문하는 아이들에게 항상 되묻는다.

"넌 어떤 주제를 하고 싶은데?"

"넌 어느 정도까지 고민해 봤는데?"

스스로 고민할 수 있도록 끝까지 질문한다. 교과서와 수업을 시험 보기 위한 과정으로만 생각하면 고민을 시작하는 것이 쉽지 않다.

학종과 교과 연계 탐구

학종에서 학생부는 유일무이한 평가 서류이다. 이 사실은 더 이상 강조할 필요도 없다. 여기서는 아이들의 가장 큰 고민인 탐구 주제를 정하는 팁을 소개하고자 한다.

흔히 학종을 교과와 비교과를 종합 평가하는 전형이라고 말한다. 하지만 나는 비교과는 교과가 '아닌' 것을 의미하는 것이 아니라 교과 외 '교과와 연계된 내용'을 의미한다고 정의하고 싶다.

교과서 3리딩 방법으로 자기주도 예습을 할 때 교과서를 읽으면서 흥미가 생기는 부분을 따로 표시하고 교과별 관심사 키워드 리스트를 작성한다. 교과 속 흥미는 탐구의 출발점이다. 학종은 점수의 경쟁이 아니라 사고의 궤적을 평가하는 전형이다.

한 입학사정관이 중요한 말을 했다.

"좋은 세특은 결과 중심이 아니라 과정 중심으로 써야 한다. 교과 성취 기준 속에서 학생이 어떤 문제의식으로 탐구했고 그 과정에서 어떤 사고의 확장을 보여 주었는지가 중요하다."

즉 활동의 개수보다 생각의 성장을 본다는 뜻이다.

수업 시간에 한 문장에 꽂혀 탐구 질문을 세운 아이, 그 질문을 검증하기 위해 실험하거나 자료를 모은 아이, 결과보다 과정에서 배우고 깨달은 아이. 이 세 가지 과정을 엮어 낸다면 그게 바로 대학이 보는 진짜 '탐구력'이다.

생명과학Ⅰ 시간에 '자가포식' 개념을 배우던 규민이는 이런 질문을 던졌다.

"이 과정을 조절해 질병을 치료할 수 있을까?"

규민이는 개념을 정리하는 데서 멈추지 않고 생명 조작의 윤리적 논란까지 탐구의 범위를 넓혔다. 결국 이 주제는 '과학적 기술의 발전과 생명윤리의 경계'라는 주제로 확장되었고 규민이의 진로는 생명공학과 윤리학을 아우르는 교차점에서 방향을 잡았다.

여러 입시 전문가의 연구에서도 같은 결론이 나왔다. 학생부는 더 이상 활동 목록이 아니라 수업에서 얻은 지식을 기반으로 한 문제 인식력, 탐구 설계력, 협력적 해결력을 보여 주는 기록이어야 한다. 교과 연계 탐구는 단순히 성실함을 보여 주는 자료가 아니라 배운 것을 스스로 확장할 수 있는가의 증거다.

교과 흥미를 탐구 주제로 연결하는 3단계

[1단계] 왜 흥미로웠는가를 기록하라.

이 질문은 탐구의 뿌리다. 통합과학 시간에 '미생물의 발효 과정'에 흥미를 느꼈다면 단순히 '재미있었다'에서 멈추지 말고, '왜 흥미로웠는지'를 써 본다. 냄새의 변화가 신기해서일 수도 있고, 일상 속 음식과 연결되어서일 수도 있다. 이 '왜'에 대한 한 줄이 탐구의 방향을 결정한다.

[2단계] 교과 지식과의 연결고리를 찾는다.

대학은 전공과 직접적으로 연결된 활동보다 교과 개념을 활용해 사고를 확장한 활동을 높게 평가한다. 즉 생명과학을 배우며 느낀 호기심이 화학, 윤리, 사회 문제로 확장된다면 그것이 바로 진짜 교과 연계 탐구다. '발효'에서 출발했지만 '유산균 산업의 경제적 가치', '발효 기술의 특허 문제', '환경친화적 발효 공정'으로 발전할 수 있다. 이런 사고의 흐름이 바로 융합형 탐구력이다.

[3단계] 탐구 과정을 스토리로 만든다.

탐구 활동은 논문이 아니라 이야기여야 한다. '문제 인식 → 가설 세우기 → 탐구 → 해석 → 적용 → 깨달음'이라는 여정을 통해 교과 속 개념이 현실로 확장될 때 그 경험은 세특 속 한 문장으로도 빛난다. 물리 I 시간에 파동 단원을 배우던 연호는 "심장 소리도 파동이라면 질병도 소리로 감지할 수 있지 않을까?"라는 발상을 떠올렸다. 이 호기심은 'AI 기반 심장음 분석 시스템'을 탐구하는 프로젝트로 발전했다. 처음에는 파동의 중첩 개념에서 시작했지만 결국 인공지능, 의료 데이터, 생명공학까지 연결되며 연호의 탐구는 단순한 과학 과제를 넘어 융합적 사고력의 대표적인 사례로 기록되었다.

진로는 정답이 아니다. 교과 속 탐구를 하다 보면 자신의 흥미가 자연스럽게 한 방향으로 모이게 된다. 과학적 논리를 좋아하는 아이는 실험 중심으로, 사회 문제에 민감한 아이는 토론과 분석 중심으로, 예술적 감수성이 강한 아이는 표현 중심으로 탐구가 확장된다. 이 흐름이 누적될 때 진로는 억지로 설정하는 것이 아니라 탐구의 결과로 드러나는 방향성이 된다.

서울대 입학본부 관계자는 이렇게 말한다.

"진로를 일찍 정한 학생보다 수업 속 흥미를 꾸준히 탐구한 학생이 전공 적합성이 더 높다."

즉 진로는 선언이 아니라 증명이다. 교과 속 질문과 탐구의 기록이 쌓일수록 진로는 말하지 않아도 드러난다.

실제로 사회 교과에서 '지역 불평등과 의료 접근성'을 주제로 국가별 의료 제도 차이를 조사하던 하민이는 문제의 본질이 단순한 제도보다 공공 서비스에 대한 신뢰의 불균형에 있다는 점을 발견했다. 하민이는 사회문화와 정치, 경제 개념을 통합적으로 분석하며 '정의로운 사회를 위한 정책 설계'라는 자신의 진로 방향을 구체화했다.

이처럼 학생부 속 탐구의 기록은 무엇이 되고 싶은가보다 어떤 문제를 해결하고 싶은가로 학생을 정의한다.

탐구 활동의 차별화는 새로운 주제를 찾는 데 있지 않다. 이미 많이 다루었던 주제라도 얼마나 깊이 있게 자신의 언어로 탐구했는가가 중요하다.

수학 시간에 등비수열을 배우던 윤조는 단순한 공식 암기에서 벗어나 질문 하나를 던졌다.

"유튜브 구독자 수나 스페인어 사용자 증가 추세도 등비수열로 분석할 수 있지 않을까?"

윤조는 데이터를 직접 수집하고 그래프로 표현해 보며 수학 개념이 실제 사회 현상을 설명할 수 있다는 사실을 깨달았다. 이 경험은 단순히 수학 실력 향상을 넘어 데이터 기반 사고라는 진로 역량으로 발전했다.

세특은 화려한 주제가 아니라 그 주제에 얼마나 몰입했는지를 보여 주는 기록이어야 한다. 같은 '기후 변화' 주제라도 한 아이는 뉴스 기사 수준의 요약에 머물고, 다른 아이는 기후 불평등의 사회 경제적 구조를 통계로 분석한다. 같은 주제지만 대학은 후자를 탐구형 사고력으로 평가한다. 이때 교과의 개념을 제대로 이해한 아이일수록 탐구의 깊이는 깊어진다. 결국 '교과 3리딩 → 흥미의 별표 → 탐구 주제 확장'은 공부와 탐구가 하나의 선으로 이어지는 루틴이다.

교과 연계 탐구의 진짜 힘은 입시에 있지 않다. 그 힘은 공부가 '이유 있는 시간'으로 바뀐다는 데 있다. 수업이 시험을 위한 강의가 아니라 내가 궁금한 것을 찾아가는 시간이 된다. 이렇게 배움의 방향이 바뀌면 공부는 더 이상 버티는 일이 아니라 즐기는 일이 된다.

탐구를 통해 느낀 몰입의 기쁨은 점수로 보상받지 않아도 오래 남는다. 그것이 바로 학생부가 보여 줄 수 있는 진짜 성장의 증거다.

흥미의 별표가 탐구로, 탐구가 진로로, 진로가 삶으로 이어질 때 학생부는 단순한 기록이 아니라 한 사람의 성장 스토리가 된다.

자기주도력은 단숨에 얻어지는 선물이 아니다

자기주도력은 재능이 아니라 훈련의 결과

"우리 애가 어느 날부터 갑자기 말을 안 들어요."

"무슨 말만 하면 알아서 하겠다고 소리만 질러요."

"그 친구랑은 안 만났으면 좋겠는데 되려 그 친구가 어때서 그러느냐며 화내요."

심각하게 이야기하는 부모에게 나는 호탕하게 웃으며 말한다.

"하하하, 아이가 자기주도력을 발휘하고 있네요."

아이들은 어른의 의도와 상관없이 진화한다. 그 시기는 환경에 따라 달라질 수 있다. 집에서 책에 빠져 있던 노벨형 아이가 친구와의 약속이 잦아지고, 엄마 말이라면 무조건 듣던 유비형 아이가 반항하기 시작하고, 친구밖에 모르고 항상 시끌시끌하던 현대형 아이가 갑자기 입을 닫고, 뭐든 먼저 해 봐야 직성이 풀리는 잡스형 아이가 모든 걸 양보한다면 바로 사춘기가 되었다는 신호다. 사춘기가 오기 전부터 미리 걱정하는 부모가 많다. 하지만 누구나 겪어야 할, 자기주도력을 키우고 있는, 가장 아프지만 가장 멋진 시기이다.

자기주도력은 어느 날 갑자기 생겨나는 재능이 아니다. 뇌과학적으로 주도성은 전전두엽이 '계획 → 실행 → 평가'를 반복 훈련할 때 비로소 형성된다. 즉 타고난 성격이 아니라 매일의 선택과 실행이 만들어 낸 신경 회로의 결과다.

대한민국의 사춘기 아이들은 이 훈련의 기회 자체를 빼앗긴 채 자란다. 고려대 심리학과 허태균 교수는 이렇게 말했다.

"한국의 청소년은 세계에서 가장 많이 지시받는 아이들이지만 스스로 생각할 시간은 가장 적다."

오늘날 부모들이 직면한 현실을 정확히 지적하는 말이다. "스스로 하라"고 말하면서도 정작 아이가 선택할 틈을 주지 않는다. 지시로 채워진 일상에서 아이의 두뇌는 결정하는 힘을 잃고 결국 '해야 하니까 한다'라는 타율적 동기만 남는다. 이것이 바로 '무기력'의 뿌리다.

적절한 실패가 뇌를 단단하게 만든다. 아주대 심리학과 김경일 교수는 《적절한 좌절》에서 이렇게 말한다.

"성장은 성공이 아니라 적절한 실패를 경험할 때 일어난다."

뇌는 완벽함보다 불완전함에서 더 많이 배운다. 전전두엽은 실수의 원인을 탐색할 때 가장 활발히 작동하고 그 과정이 반복될수록 문제해결력과 성취 지속력이 강화된다. 자기주도력은 바로 이 과정을 견디며 만들어지는 뇌의 근육이다. 부모가 자녀의 실패를 막아 주는 것은 겉보기에는 보호 같지만 실은 아이의 전전두엽이 성장할 기회를 빼앗는 일이다. 작은 실패를 겪고 스스로 원인을 찾게 하는 것, 그것이 적절한 좌절이자 자기주도력을 키우는 훈련이다.

전국 학부모 포럼 '교담'을 운영하는 심동화 소장의 코칭학적 이론을 기반으로 정리하자면 자기주도력은 다음과 같이 정의한다.

자기주도력의 4단계, 뇌와 마음이 협업하는 루틴

아이가 좋아하거나 잘하고 싶거나 관심 있는 대상이 생겼을 때 자기주도력은 다음의 단계를 거치면서 형성된다.

[1단계] 고민한다 (목표Goal)

목표를 세울 때 뇌의 보상 회로(도파민 시스템)가 활성화된다. 목표가 구체적일수록 시작할 이유가 명확해진다.

[2단계] 연구/탐구한다 (계획Plan)

전전두엽과 해마가 협력하여 정보를 구조화한다. 계획을 한 번에 완벽히 세우는 것보다 짧은 주기로 수정하는 과정이 중요하다.

[3단계] 실행/도전한다 (액션Action)

실행하는 도중 생기는 적절한 스트레스는 뇌를 성장시킨다. 실수를 분석하고 교정하는 반복이 전전두엽의 회복탄력성을 키운다.

[4단계] 증명한다(수치적/가치적 증명Reflect)

결과를 기록하고 설명하는 단계에서 세로토닌이 분비된다. 이 안정감이 다시 다음 목표를 위한 동기로 이어진다. 결국 기록 없는 자기주도는 존재하지 않는다.

자기주도력 4단계 중 1단계조차 없다면 아이는 현재 '무기력'이라는 중증에 걸려 있는 것이다. 1~3단계 중 어느 하나라도 시도하고 있다면 아이는 자기주도력을 발휘하고 있다. 순서대로 3단계까지 노력하고 있다고 하더라도 증명하지 못한다면 '불완전한 자기주도력'이라고 본다. 하지만 이 불완전함은 문제가 아니다. 코칭적 관점에서 성장의 과정이라고 바라보아야 한다.

불완전함을 존중하는 세 가지 접근법

● 컨설팅

완전히 무기력한 아이에게는 '틀'이 필요하다. 시간표, 과목 루틴, 백지노트, 오답 기록 양식을 제공하고 강제 미션을 준다. 성공 경험이 쌓이면 점차 자율성을 넓힌다.

● **코칭**

동기는 있지만 방향이 불명확한 아이에게 적합하다.

"이번 주 스스로 정할 수 있는 가장 작은 목표는?"

"그걸 어떻게 증명할래?"

이런 질문을 통해 아이가 스스로 답을 꺼내게 한다.

● **카운슬링**

이미 루틴이 있는 아이에게는 감정 조율이 중요하다. 공감과 경청, 신뢰의 대화가 주된 방식이다. 가르치는 것이 아니라 함께 걸어주는 것이다. 완전한 자기주도력을 발휘하고 있는 아이에게 컨설팅이나 코칭은 무의미하다.

이 세 가지 접근은 단계가 아니라 연속 과정이다. 아이의 자기주도력이 성장할수록 부모의 개입은 점점 줄어든다. 컨설팅은 구조, 코칭은 자율, 카운슬링은 신뢰다.

사춘기 부모의 역할, 통제가 아닌 신뢰

사춘기의 뇌는 감정이 먼저 움직인다. 사춘기 아이들은 감정(편도체)이 먼저 반응하고 판단(전전두엽)이 뒤늦게 따라온다. 그래서 이해는 하지만 행동이 안 되는 일이 잦다. 이는 게으름이 아니라 신경 발달의 타이밍 차이다. 이 시기에 부모가 해야 할 일은 훈계가 아니다. 《미움받을 용기》에서 아들러는 말한다.

"모든 인간의 문제는 관계의 문제이며, 관계의 핵심은 과제의 분리다."

즉 아이가 스스로 해결해야 할 과제를 부모가 대신 짊어지지 말고 그 결과에 대해 신뢰와 책임의 기회를 부여하라는 말이다. "공부해라"가 아니라 "어떻게 공부할래?"로 질문이 바뀌는 순간 아이의 전전두엽은 명령 수행 모드에서 결정 실행 모드로 전환된다.

사춘기 무기력의 본질은 동기가 아니라 의미의 결핍이다. 허태균 교수는 한국의 사춘기를 이렇게 표현한다.

"한국의 사춘기는 목표의 주체성을 잃은 성장이다. 목표는 주어졌지만 그 목표가 내 것이라는 감정은 없다."

대부분 '왜 공부해야 하는가'에 답하지 못한 채 누군가 시켜서 혹은 비교 때문에 공부한다. 그러나 의미 없는 목표는 오래 지속되지 않는다.

결국 자기주도력은 목표의 성취보다 그 목표가 나에게 어떤 의미인가를 찾아가는 여정이다. 의미가 생기면 동기는 따라온다. 따라서 부모는 통제 대신 기회를 주어야 하고 아이의 선택이 잘못될 가능성까지 포함해 신뢰해야만 한다. 그리고 적절한 실패는 뇌를 단단하게 만든다는 것을 믿고 좌절을 허락해야 한다.

또한 "이걸 끝냈구나."보다 "네가 이렇게 과정을 남겼구나."처럼 결과보다 기록을 칭찬하는 말이 아이에게 더 깊이 남을 것이다.

결국 자기주도력은 단순한 학습 기술이 아니라 의미 있는 실패의 산물이다. 스스로 선택하고 실패를 경험하며 의미를 다시 세우는 과정에서 뇌는 성장하고 아이는 자신을 믿게 된다.

자기주도력은 학습 기술이 아니다

특목고, 자사고 진학을 위한 고입 전형을 '자기주도학습전형'이라고 부른다. 자기주도학습이라는 말이 널리 쓰이게 된 계기는 사교육 억제를 위한 교육부의 정책에서였다. 그러나 아이러니하게도 이 말은 학원가에서 가장 강력한 마케팅 언어가 되고 있다.

나는 사교육을 부정하거나 폄훼하는 사람은 아니다. 그러나 진정한 자기주도력을 갖춘 아이라면 학원이나 과외 도움 없이도 스스로 학습 역량을 끌어올릴 수 있다고 확신한다. 모든 아이가 그럴 수 있는 능력을 갖추고 있다. 이를 방해하는 사람은 바로 부모다.

아이에게 자기주도력을 키워 주고 싶다면 그 아이가 의미 있는 실패를 경험할 수 있게 하라. 그때 비로소 뇌는 '해야 한다'에서 '하고 싶다'로 바뀐다. 그 변화의 순간이야말로 자기주도력이 만들어지는 순간이다.

모르면 실패하는
성공 입시 전략 순서

공부하기 전 '왜?'라고 질문하기

"우리 아이는 지금 어떤 공부부터 해야 할까요?"

학부모 상담에서 가장 자주 듣는 질문이다. 하지만 이 질문에는 늘 빠져 있는 단어가 있다. 바로 '왜?'다.

"왜 그 공부를 해야 하는가?"

"그 공부는 어디로 이어지는가?"

이 질문이 빠진 공부는 방향을 모른 채 페달만 밟는 여정이 된다. 속도는 나는데 방향이 없다. 그래서 아이는 늘 바쁘고 부모는 늘 불안하다.

성공 입시를 위한 공부는 순서의 싸움이다. "무엇을 할까"를 묻기 전에 "왜 해야 하는가"를 먼저 묻는 순간 아이의 공부는 비로소 의미를 찾는다.

성공적인 입시 전략에는 반드시 지켜야 할 6단계가 있다.

유형 → 진로 → 직업 → 전공/진학 → 입시 → 학습 전략

이 순서를 무시하고 곧바로 마지막 단계인 학습 전략으로 달려 가는 것은 빈 박스 위에 앉아 버티고 있는 것과 같다. 곧 무너진다. 아이의 성향, 진로 방향, 전공 및 진학 목표가 없는 학습 전략은 결국 열심히 했는데 결과가 안 나오는 공부로 귀결된다.

[1단계] 유형 : '우리 아이는 어떤 아이인가'에서 출발하라

엄마의 양육 경험은 가히 존경할 만하지만 그 경험만으로 아이를 완벽히 파악할 수는 없다. 아이는 태어날 때부터 서로 다른 사고방식, 동기 구조, 감정 반응 패턴을 가지고 있다. 유형 분석을 통해 아이를 정확히 읽어 내자.

- 노벨형(이성/논리형) : 분석과 구조화에 강하다. 계획과 원리 중심의 학습을 선호한다.
- 잡스형(창의/도전형) : 자유와 자극 속에서 몰입한다. 도전과 탐구

형 학습에 강하다.

- 현대형(관계/소통형) : 사람과의 상호작용 속에서 배운다. 협업, 토론형 학습에 적합하다.
- 유비형(감성/배려형) : 감정 이입이 뛰어나고 인문 예술적 탐구에 강점을 가진다.

이 성향은 학습 방법뿐 아니라 전공 선택, 직업 가치관, 목표 설정 방식에까지 영향을 미친다. 따라서 진로 상담의 시작은 '무엇을 하고 싶은지'가 아니라 '어떤 방식으로 배우고 움직이는 아이인지'가 되어야 한다.

[2단계] 진로 : 하고 싶은 일이 아니라 '하고 싶은 이유'를 찾아라

유형을 알았다면 다음은 진로다. 여기서 말하는 진로는 직업명이 아니다. 삶의 방향성, 즉 내가 무엇을 통해 세상에 이바지하고 싶은가에 대한 질문이다.

진로 코칭 프로세스는 '아이의 미래를 함께 고민하기 → 좋은 질문으로 미션 부여하기 → 진로와 직업, 전공과 대학 결정하기'로 진행된다. 이 과정에서 부모와 코치는 진로를 가르치는 사람이 아니라 꺼내 주는 사람이어야 한다. 진로의 본질은 아이의 흥미, 가치, 강점의 교차점을 찾는 것이다.

이 단계에서 아이가 스스로 "왜?"를 묻기 시작해야 한다. 그 질문이 생기면 학습의 방향성이 명확해지고 공부가 '해야 하는 일'에서 '나의 일'로 바뀐다.

[3단계] 직업 : 세상과 연결된 나를 발견하는 단계

진로가 정해지면 그것을 사회 속 직업 세계와 연결해야 한다. 이를 '직업 매핑'이라 하자. 내가 좋아하는 일이 현실에서는 어떤 형태의 일로 존재하는지 살펴보는 과정이다.

이를 위해 다음 네 가지 직군 구분을 제시한다.

- 전문 직군 : 의사, 변호사, 연구원 등 지식과 자격을 기반으로 전문성을 쌓는 직업
- 창의/융복합 직군 : IT, 미디어, 디자인, 기획, 문화 산업 등 새로운 가치를 창출하는 직업
- 관계 지향 직군 : 교사, 상담사, 리더, 조직 운영자처럼 관계 속에서 영향력을 발휘하는 직업
- 서포트 직군 : 행정, 회계, 기술 지원, 관리 등 시스템을 뒷받침하는 직업

이 과정을 통해 아이는 내가 되고 싶은 사람보다 내가 어떤 방식으로 세상에 이바지할 수 있는가를 고민하게 된다. 직업 탐색이 진로를 현실로 끌어오는 결정적 단계다.

[4단계] 전공/진학 : 공부의 이유를 설계하는 과정

직업을 발견했다면 이제 이를 실현할 학문과 진학 경로를 설정한다. 대학의 전공은 단순히 취업을 위한 선택이 아니라 진로를 학문적으로 탐구하는 수단이다.

이 단계에서는 본인의 진로 영역과 연관된 학과의 적합성을 확인해야 한다. 대학의 이름보다 전공의 맥락이 중요하다. 어떤 과목을 배워야 그 직업의 본질에 다가갈 수 있는지, 그 학문이 어떤 문제를 다루는지, 나의 흥미와 강점이 그 학문에 적합한지를 살핀다. 이때 학생부의 탐구 주제, 교과 선택, 독서 기록이 모두 전공 적합성의 증거가 된다. 고등학교에서의 선택과 기록은 대학에서의 전공으로 이어지는 다리다.

[5단계] 입시 : 목표를 제도로 번역하라

이제 입시를 설계할 차례다. 많은 아이와 학부모가 이 단계를 시작점으로 착각하지만 사실은 입시는 후반부 정리 과정이다. 입시는 아이의 방향을 제도로 옮겨 적는 일이다.

어떤 전형을 선택할지, 수능과 내신의 비중은 어떻게 둘지, 각 전형이 요구하는 증빙 방식을 구체적으로 분석한다. 고등학생 시기에는 입시 전략 설계와 학종 도전이 핵심이다. 이 단계에서 중요한 것은 '전략적 기록'이다. 아이의 학교생활이 진로와 전공, 학과의 맥락과 어떻게 연결되어 있는지를 서류로 설계하고, 면접과 비교과 활동에서 논리적으로 설명할 수 있어야 한다. 따라서 중학생 시기에 진로, 직업, 전공/진학에 대해 충분히 고민해야 한다.

[6단계] 학습 전략 : 목적이 있는 공부, 이유가 있는 계획

마지막이 학습 전략이다. 그러나 대부분의 아이와 학부모는 이 단계를 첫 번째로 착각한다. 공부 방법, 계획표, 학습 루틴은 모두 이전 단계에서 정해진 방향으로 나아가기 위한 도구에 불과하다.

효율적 학습 전략을 위해서는 '진로 → 진학 목표 → 학업 순서 결정 → 계획 및 이행 → 실행 및 증명' 단계가 필요하다. 즉 진로가 있어야 학습 순서가 생기고, 목표가 있어야 계획의 우선순위가 정해진다. 학습 전략은 공부의 출발점이 아니라 결과를 실현하는 방법론인 것이다. 이 단계에서 필요한 것은 시간표가 아니라 근거다.

'왜 이 과목을 공부하는가?'

'왜 이 순서로 공부하는가?'

이 두 가지를 설명할 수 있어야 한다.

공부의 본질은 문제 풀이가 아니라 문제 해결

"공부 좀 해라!"

학부모라면 가장 많이 하는 말이지만 아이들이 가장 듣기 싫어하는 말이다. 공부가 좋아서 하는 아이는 드물다고 하지만 처음부터 공부를 싫어하는 아이 또한 드물다. 아이의 입장에서 공부는 여전히 문제 풀이의 반복, 즉 정답을 맞히는 과정으로만 인식하고 어려워하거나 틀리면 실패자라고 생각하기 때문에 점점 싫어지는 것이다. 공부는 원래부터 문제 해결의 연습 과정이어야 했다. 문제를 맞히는 것이 아닌 문제를 이해하고 해결하는 힘을 키우는 과정 말이다.

문제를 푼다는 것은 주어진 틀 안에서 답을 찾는 일이다. 하지만 문제를 해결한다는 것은 틀 자체를 이해하고 새로운 접근법을 찾아내는 일이다. 학교에서 배우는 모든 과목의 근본은 바로 이 '해결력'을 훈련하는 데 있다.

수학의 공식은 논리적 사고를 통한 해결 과정의 모델이고, 과학의 실험은 문제를 정의하고 검증하는 사고의 절차이며, 국어의 독서와 글쓰기는 정보를 해석하고 의미를 재구성하는 과정이다. 즉 공부는 결국 '문제 해결의 언어'를 배우는 일이다. 그 언어를 익히는 순간 아이는 더 이상 시험을 '두려운 심판'으로 보지 않는다. 시험은 자신이 얼마나 문제를 구조적으로 이해하고 그 구조 안에서 답을 찾아내는 힘이 생겼는지를 점검하는 연습의 장이 된다.

자기주도력은 질문에서 시작

자기주도력은 문제해결력과 한 몸이다. '스스로 공부한다'라는 말의 진짜 의미는 '스스로 문제를 정의할 수 있다'라는 뜻이다. 공부가 단순한 암기가 아니라 사고의 훈련이 되려면 아이 스스로 다음 네 가지 질문을 던질 수 있어야 한다.

- 왜 이 내용을 배우는가?
- 이 개념은 어떤 문제를 해결하기 위해 만들어졌는가?

- 내가 알고 있는 지식과 어떤 점에서 연결되는가?
- 이 지식을 다른 문제에 적용하면 어떤 새로운 해답을 낼 수 있을까?

이 질문들이 바로 자기주도적 학습의 출발점이다. 아이가 단지 교재를 따라가는 것이 아니라 배우는 내용 속에 숨은 문제의 본질을 찾는 순간 그 공부는 암기 과목이 아니라 사고 훈련으로 바뀐다.

독해력과 독서력

이러한 문제해결능력을 기르기 위해서는 '독해력'이 필수다. 독해력은 읽은 내용을 이해하는 능력이 아니라 비판적으로 해석하고 내 생각과 연결하는 힘이다. 즉 교과 개념을 암기가 아니라 이해로 전환하는 인지적 기반이다.

독해력을 갖추기 위해서는 '독서력'이 필수다. 독서력은 읽기 양이 아니라 사고의 재료를 확보하는 단계를 말한다. 다양한 장르의 책을 읽으며 아이는 세상을 바라보는 렌즈를 넓혀 간다. 독해력 향상은 선호하는 독서 장르와 독서량에 비례한다. 좋아하는 분야의 책을 중심으로 읽기 시작할 때 독서는 습관이 아니라 탐구로 바뀐다. 그 과정에서 스스로 생각을 정리하고 표현하는 빈도가 늘어나며 그 결과 '이해 → 표현 → 자신감'의 루프가 강화된다. 이 루프는 국어 성적을 올리는 게 아니라 모든 과목의 사고 기반을 강화하는 뇌 회로를 훈련하는 역할을 한다.

읽고 이해한 것을 말과 글로 자신 있게 표현하기

표현력은 읽고 이해한 내용을 말로 표현하는 방식과 글로 표현하는 방식으로 크게 나뉜다. 노벨형과 유비형 아이들은 글로 표현하는 것을 더 편안해하고, 잡스형과 현대형 아이들은 말로 표현하는 것을 더 편하게 생각한다.

이러한 표현력은 사고의 결과물을 보여 줄 수 있는 능력으로 연결하는 과정이다. 말과 글 두 가지 표현 방식이 모두 편해질 때 아이들은 자신감을 갖는다. 자신감은 단순한 감정이 아니라 내가 이해한 것을 남에게 설명할 수 있다는 인지적 확신이다. 자신감이 생기면 학습에 대한 태도 자체가 달라진다. 공부가 쉬워진 수준이 아니라 공부가 통제 가능하다고 느껴지는 상태가 된다.

결국 표현력과 자신감은 학업 역량의 핵심 구성 요소가 된다. 자기주도학습의 기초는 '할 수 있다'는 감정적 토대에서 출발하기 때문이다. 학업 역량은 곧 학습 역량으로 이어지고 두 역량이 맞물릴 때 아이는 누가 시키지 않아도 공부하는 자기주도력을 갖추게 된다.

자기주도력은 문제를 스스로 정의하고 해결 경로를 설계하는 능력이고, 문제해결능력은 자기주도력을 실행할 수 있는 행동으로 전환하는 능력이다. 두 개념은 서로 독립된 것이 아니라 '스스로 방향을 정하고(자기주도) → 그 방향으로 구체적 해결을 만들어

가는(문제 해결)' 순환 관계로 작동한다. 이때 독서력, 독해력, 표현력, 자신감, 학습 역량, 학업 역량은 그 순환을 강화하는 중간 다리 역할을 한다.

입시의 시작은 공부가 아니라 순서

하나의 순환 구조로 요약해 보면 독서력은 재료, 독해력은 가공, 표현력은 출력, 자신감은 동력, 학습 역량은 구조, 학업 역량은 성과, 자기주도력은 시스템, 문제해결능력은 결과물이다. 이 모든 요소가 선형이 아닌 순환 구조로 이어진다. 독서가 사고를 키우고, 사고가 자신감을 만들며, 자신감이 학습을 주도하고, 주도적 학습이 다시 문제 해결을 끌어 내는 순환 구조가 아이의 성장 메커니즘이며 입시와 인생 모두에서 통하는 '생각하는 힘의 루프'다.

입시의 시작은 공부가 아니라 순서다. 순서를 지키는 순간 아이의 공부는 정확한 방향을 잡고 나아간다.

성공 입시 전략 점검표

구분	점검 항목	체크
1단계. 공부의 방향 점검 (이유를 명확히 했는가)	공부의 이유(왜 공부하는가)에 대한 자신의 답이 있다.	
	성적보다 배움의 이유를 스스로 말할 수 있다.	
	공부의 목표가 진로와 연결되어 있다.	
	성적이 아닌 과정의 성장을 평가받고 싶다.	
	부모는 결과보다 과정을 격려하는 대화를 한다.	
2단계. 진로 설계 점검 (방향과 흥미가 연결되어 있는가)	나의 관심사와 흥미 분야가 명확히 정리되어 있다.	
	진로와 관련된 전공 계열을 알고 있다.	
	내가 좋아하는 교과가 진로와 연결되어 있다.	
	관련 독서, 탐구, 프로젝트 활동을 수행한 경험이 있다.	
	진로는 단순 직업이 아니라 삶의 방향으로 인식된다.	
3단계. 과목 선택 및 학업 전략 점검 (공부의 방향성을 반영했는가)	진로와 연관된 과목(진로선택·융합선택)을 파악하고 있다.	
	어려워도 진로에 필요한 과목이라면 도전할 의지가 있다.	
	교과 수업 중 흥미가 생긴 단원은 따로 표시하고 탐구로 확장한다.	
	학교 수업을 중심으로 학습 루틴을 구성하고 있다.	
	선택 과목을 결정할 때 교사, 진로 상담, 대학 권장 과목을 참고한다.	

구분	점검 항목	체크
4단계. 입시 이해도 점검 (구조를 알고 전략을 세우는가)	학종의 평가 요소(학업·진로·공동체 역량)를 알고 있다.	
	교과전형, 학생부종합전형, 정시전형의 차이를 구분할 수 있다.	
	목표 대학의 전형별 모집 요강을 직접 확인해 본 적이 있다.	
	대학별 인재상과 전공 인재상(핵심 역량)을 조사해 본 적이 있다.	
	면접 문항의 유형과 흐름(지원 동기-탐구 경험-인성 질문)을 이해하고 있다.	
5단계. 루틴 및 실행력 점검 (실천 가능한 시스템이 있는가)	학기 중에는 백지노트로 당일 복습을 한다.	
	방학 중에는 교과서 3리딩으로 예습 루틴을 유지한다.	
	시험 기간에는 문제 풀이→오답 정리→피드백 순서로 학습한다.	
	주 1회 이상 독서 또는 필사 루틴을 실천한다.	
	나만의 공부 루틴을 기록하고 점검한다.	
6단계. 피드백 및 기록 점검 (성장을 시각화하고 있는가)	탐구 활동이나 프로젝트 후 배운 점을 기록한다.	
	오답노트나 학습 기록을 단순 채점이 아닌 원인 분석 중심으로 작성한다.	
	공부 과정에서 느낀 감정과 태도를 짧게 메모로 남긴다.	
	세특과 탐구 기록의 연결을 의식하며 활동한다.	
	공부 방향을 분기별로 점검하고 수정한다.	

● 활용 팁

체크 개수보다 빈칸의 패턴을 보라.

- 1~2단계에 빈칸이 많다면 방향 없는 공부
- 3~4단계가 비어 있다면 전략 없는 입시
- 5~6단계가 약하다면 루틴 없는 실행

월 1회 부모와 자녀가 함께 점검하고 수정 계획을 세워 보자.

5장

진정한 입시 전략은
삶을 위한
전략이어야 한다

길을 잃고 비로소 보이는 것들

불안으로 시작된 입시

간혹 수능이 끝나면 비극적인 뉴스를 접할 때가 있다. 비단 수능이 아니어도 내신 성적을 비관해 극단적인 선택을 하는 아이들의 기사 또한 심심치 않게 접한다.

올해 초에는 서울대 합격생이 입학식이 끝나자마자 자퇴서를 냈다는 기사를 보았다. 사실, 충분히 이해가 간다. 이건 복수다. 부모와 자식 간에 사용하기에 끔찍한 단어이지만 자기 생각은 아랑곳하지 않고 부모의 생각과 목표를 강요받아 온 아이들의 복수 방식인 것이다. 부모의 바람대로 잘 견뎌 온 듯하지만 사실은 때를 기다려 온 아이들의 표현이다. 그때 부모는 깨닫는다.

'내가 아이를 들여다보지 못했구나.'

나도 비슷했다. 어릴 적 누구보다 성실하고 말 잘 듣던 유비형 소년은 현대형으로 점점 진화하고 있었다. 축구를 좋아했고 노래하는 것을 좋아했다. 무엇보다 이 모든 걸 친구들과 함께하는 게 좋았다.

이를 불안하게 여긴 부모님이 나를 가두기 시작했다. 친구들 만나는 것을 감시했다. 관계의 영역에서 균형이 무너진 나는 반항하기 시작했고 그 방법의 하나가 입을 닫는 것이었다. 관계가 불안하니 공부가 안됐다. 아니, 하지 않았다. 이렇게 불안한 마음으로 공부가 될 리 없으니 안 해도 된다고 스스로 합리화했다.

성적은 곤두박질치기 시작했고 어릴 때부터 꼭 법대에 진학해야 한다고 강조했던 아버지와 갈등이 깊어질 수밖에 없었다. 그럴수록 내 반항은 당연해졌고 걷잡을 수 없을 정도까지 이르렀다.

지금 돌이켜 보면 공부를 안 하는 모습을 보여 주는 것이 당시 부모님을 향한 나의 복수였다. 내 잘못이 가장 크지만 코칭적 관점에서 보면 부모님이 자연스럽게 진화하고 있는 나를 막아선 것도 맞다.

상담 현장에서 마주한 얼굴들의 공통점

입시 현장에서 수백 명의 아이와 부모를 만나 왔다. 그중 가장 잊히지 않는 얼굴들은 원하는 대학에 합격한 아이들도 있지만 부모와의 갈등으로 매일 괴로워하는 아이들이었다. 불안은 사랑이 아니다. 하지만 많은 부모가 그 사실을 너무 늦게 깨닫는다.

입시 상담을 하다 보면 부모의 표정에서 늘 비슷한 신호를 본다.

초조한 눈빛, 빠른 말투, 불안한 손끝. 그 불안은 아이의 성적을 향한 걱정으로 포장되어 있지만 그 안을 들여다보면 결국 자신의 불안을 아이에게 투사한 것임을 알게 된다.

"우리 아이가 뒤처지면 어떡하죠?"

"다른 애들은 다 학원 다닌다는데요."

"이 시기에 이렇게 놀아도 되나요?"

이 질문들은 사실 아이에 대한 걱정이 아니라 본인의 실패에 대한 두려움이다. 그리고 이 두려움이 아이의 일상에서 불행으로 번역된다. 불안은 전염된다. 부모의 감정은 아이의 신경계에 그대로 복제된다. 불안한 부모 밑에서 자란 아이가 시험을 두려워하고, 완벽주의 부모 밑에서 자란 아이가 실수를 혐오하게 되는 이유다. 특히 스트레스 호르몬은 부모의 말투나 표정, 분위기를 통해 아이의 뇌에도 영향을 미친다.

서울대 의과대 연구팀의 fMRI 실험에서도 부모가 불안을 표현할 때 아이의 편도체가 즉각적으로 활성화되는 반응이 관찰되었다. 즉 아이의 뇌는 부모의 감정을 자기 감정으로 오인한다. 그래서 아이는 자신이 왜 불안한지도 모른 채 늘 긴장하고 늘 비교하며 늘 부족한 나를 탓하게 된다.

조건부 믿음은 사랑이 아닌 통제

많은 부모가 아이를 믿는다고 말한다. 하지만 그 말 뒤에는 보이지 않는 조건이 붙어 있다.

"나는 네가 잘할 거라고 믿는다."

"나는 네가 실수하지 않을 거라고 믿는다."

"나는 네가 내 기대를 저버리지 않을 거라고 믿는다."

그건 믿음이 아니라 통제다. 아이의 가능성을 신뢰하는 것이 아니라 내 불안을 잠재워 줄 아이의 역할을 믿는 것이다.

아이에게 진짜 믿음이란 이런 말이다.

"실패해도 괜찮아. 네 인생이니까 내가 아니라 널 위해 해 봐."

이 한마디는 부모의 불안을 완전히 내려놓지 않으면 결코 입 밖으로 나오지 않는다.

불안한 부모는 아이에게 '빨리', '지금', '늦었어'를 반복한다. 그 결과 아이는 장기 계획을 세우지 못하고 단기 목표에 중독된다. 늘 '지금'에 쫓기는 조급한 아이가 된다. 시험이 끝나면 아무것도 남지 않는 이유다.

부모의 완벽주의는 아이에게 '실패 = 사랑의 박탈'로 인식된다. 그래서 아이는 도전하지 않는다. 도전은 곧 위험이기 때문이다. 그렇게 아이는 실패를 두려워하는 무기력한 아이가 된다.

부모가 늘 "누구는~"으로 시작하면 아이는 자신이 아니라 타인의 그림자 속에서 정체성을 만든다. 결국 비교의 늪에 빠져 자존감을 잃는다.

허태균 교수의 말처럼 한국의 사춘기는 불안의 유산이다. 그는 한국 청소년들이 유난히 높은 스트레스와 무기력을 보이는 이유를 불안이 세대 간에 전이되는 구조로 설명한다. 부모 세대가 경험한 경쟁과 결핍이 아이 세대에게 "너는 실패하면 안 돼"라는 말로 전이되는 것이다. 결국 부모의 불안은 아이의 심리적 유전자가 된다.

아이에게 필요한 것은 공부가 아니라 회복

불안은 학습이다. 아이들은 부모의 불안을 배운다.

"공부 좀 해!"가 아니라 "괜찮아, 쉬어도 돼."

아이에게 휴식은 회복의 기술이다. 자기조절력이 뛰어난 아이들은 공부를 잘해서가 아니라 멈출 줄 아는 법을 배웠기 때문이다. 도파민의 피로를 다스리고 세로토닌의 균형을 회복할 줄 안다. 부모가 불안을 멈출 때 아이의 뇌도 긴장을 멈춘다. 이 단순한 사실 하나가 공부의 효율보다 훨씬 강력한 성장의 밑거름이 된다.

불안의 반대말은 신뢰가 아니라 평온이다. 불안을 버리려 애쓰기보다 평온을 키우는 훈련이 필요하다. 명상이나 독서, 산책처럼 거창하지 않아도 된다. 하루 10분이라도 아이의 눈을 보고 "오늘 어땠어?"라고 묻는 일, 시험 결과보다 그날의 기분을 먼저 물어보는 일, 이런 작은 평온의 반복이 불안한 가정의 공기를 서서히 바꾼다.

결국 부모의 불안이 멈춰야 아이의 성장이 시작된다. 부모가 불안하면 아이는 안전을 찾고, 부모가 평온하면 아이는 도전을 택한다. 이는 단순한 심리학이 아니라 생물학의 법칙이다. 불안의 세포는 방어를 택하지만 평온의 세포는 탐험을 택한다.

입시에서 성공한 아이와 실패한 아이의 차이는 머리의 좋고 나

뿜이 아니라 그 뇌가 어떤 정서 속에서 자랐는가에 달려 있다.

"부모의 불안은 아이의 불행을 만든다. 그러나 부모의 평온은 아이의 방향을 만든다."

이제 부모가 해야 할 일은 아이의 계획표를 새로 짜 주는 것이 아니라 자신의 마음을 먼저 다스리는 일이다. 그 평온이 아이의 삶을 지탱하는 가장 단단한 학습 전략이다.

부모의 역할은 길잡이가 아닌 등불

입시 성공은 도착점이 아니라 출발점이어야 한다. 부모는 아이를 끌고 가지만 그 끝을 모른다. 아이는 부모의 꿈을 자신의 목적처럼 착각하며 살아간다. 서울대, 의대, 명문대. 그 길의 끝에는 부모 기준의 성공은 있을지 모르지만 '나'는 없다. 아이는 합격으로 칭찬받지만 그 안에는 "나는 누구인가?"라는 질문이 들어 있지 않다.

하지만 많은 부모가 그 합격을 인생의 완성처럼 여긴다. 그래서 아이는 성공 후에 더 큰 혼란을 맞이한다. 명문대생이 스스로 목숨을 끊은 사건은 결코 개인의 비극이 아니다. 그것은 이 사회가 만들어 낸 집단적 방향 상실의 결과다. 성공은 했지만 살아갈 이유를 잃은 아이들. 그들은 부모의 기대를 충족시키는 데는 성공했지만 자기 자신의 삶에는 실패했다. 진짜 실패는 떨어지는 게 아니라 자신을 잃는 것이다. 나는 부모들에게 자주 말한다.

"입시는 실패하면 다시 일어설 수 있습니다. 하지만 아이가 자신을 잃어버리면 회복하기 어렵습니다.”

아이에게 성적은 자아의 가치를 증명하는 도구가 되어 버렸다. 성공은 곧 사랑의 조건, 실패는 실망의 증거가 된다. 그러나 교육은 아이를 세상 속에서 자기다운 길을 찾도록 돕는 일이어야 한다. 그것이 진짜 부모의 역할이다.

아이가 길을 잃을 때 부모는 길잡이가 아니라 ‘등불’이 되어야 한다. 부모는 대신 걸어 줄 수는 없지만 아이가 잠시 길을 잃는 용기를 허락할 수 있다. 길을 잃어 본 아이만이 자신의 좌표를 스스로 찍을 수 있다. 그 좌표가 생길 때 비로소 공부는 의미를 갖는다. 그때의 공부는 점수를 위한 경쟁이 아니라 삶을 이해하는 도구가 된다.

“당신의 아이는 지금 어디로 가고 있는가. 속도를 내고 있는가, 아니면 방향을 찾고 있는가. 당신의 사랑은 아이를 끌어당기고 있는가 아니면 비춰 주고 있는가.”

부모의 역할이 아이의 길을 만든다. 아이는 부모의 말을 따라가는 것이 아니라 부모의 삶의 방식을 따라간다. 부모가 불안에 쫓기며 사는 모습을 보면 아이도 성적에 쫓기는 삶을 배운다. 부모가 방향을 향해 사는 모습을 보면 아이도 목적을 향해 공부한다.

결국 공부의 본질은 삶의 태도에서 시작된다. 그 태도를 먼저 가르치는 사람이 부모다. 그것이 입시를 넘어 아이의 인생을 구하는 진짜 전략이다.

“아이에게 길만 알려 주지 말고 길 위에서 멈출 수 있는 용기를 가르쳐라.”

그 용기가 있는 부모, 그 부모의 아이만이 길을 잃지 않는다.

주도적인 아이를 만드는
슬기로운 부모 생활

"나는 글을 늦게 깨친 탓에 초등학교에 다닐 때만 해도 세상에서 공부가 가장 싫었다. 하지만 그 이유는 부모님께 비밀로 했다. 싫은 것을 참으면 어른들은 안심한다."

— 모리 히로시 《기시마 선생의 조용한 세계》

박산호 작가의 《어른의 문장들》에서 본 가장 기억에 남는 구절이다. 아이의 입장에서 싫은 것을 참기란 쉽지 않을 테지만 아이들이 얼마나 많은 것을 참고 있을지 생각해 보았다. 참는 이유가 부모를 안심시키기 위해서라 생각하니 씁쓸했다. 아이들은 본인이 원해서라기보다 부모가 원해서 하는 경우가 더 많을 수 있다는 결론에 도달하니 더 안타까웠다.

대부분의 부모는 아이가 스스로 하기를 바란다. 하지만 현실에서는 "지금 공부해라", "그건 나중에 해", "그렇게 하면 안 된다"라는 지시가 더 많다. 결국 아이는 "스스로 하라"는 말과 "이렇게 하라"는 말 사이에서 혼란에 빠진다.

부모의 기대가 클수록 아이의 자율성은 줄어든다. 기대는 동기가 아니라 통제의 다른 이름일 수 있다. 부모의 선의는 종종 '내가 정해 준 길로 가야 한다'라는 신호로 받아들여진다. 부모의 목소리가 크고 기준이 명확할수록 아이의 두뇌는 생각하는 뇌보다 반응하는 뇌로 작동하게 된다. 결국 시키지 않으면 하지 않는 아이가 된다. 이건 단순히 게으름의 문제가 아니다. 뇌의 기능적 연결성 자체가 통제 구조에 적응하면서 '자기 결정 → 행동 실행'의 신경 경로가 약화된 것이다. 즉 부모의 과잉 개입은 뇌의 주도성 회로를 마비시키는 일이다.

많은 부모가 아이의 자기주도력 부족을 의지력의 부재로 본다. 하지만 뇌과학은 이렇게 설명한다. 의지는 결심이 아니라 환경이 반복적으로 강화한 예측 패턴이다. 루틴이 정해져 있고 방해 자극이 줄어든 환경에서는 아이의 뇌가 '해야 한다'보다 '지금이 그 시간이다'로 반응한다. 이것이 바로 의지보다 환경이 우선되는 이유다.

아이가 자기주도적으로 공부하지 못하는 이유는 결심이 약해서가 아니라 결심을 지탱할 구조가 없기 때문이다. 부모의 역할은 그 구조를 대신 설계해 주는 것이 아니라 아이가 스스로 구조를 만들

수 있는 환경을 준비하는 것이다.

개입해야 할 때는 감시가 아닌 세팅 모드로

부모의 개입이 반드시 나쁜 것은 아니다. 문제는 개입의 형태다. 감시가 아닌 설계, 조언이 아닌 환경 세팅으로 바꿔야 한다. 이를테면 같은 시간대에 공부 루틴이 반복되도록 가족 일정을 조율하거나 책상 위에는 현재 과목 한 권만 두고 나머지는 정리해 두는 방식이다. 완료 표시를 시각적으로 볼 수 있도록 체크보드, 포스트잇, 캘린더 등을 활용하고 공부 시간에는 가족이 목소리를 낮추어 집중할 수 있는 분위기를 만드는 노력도 필요하다.

이처럼 부모의 개입이 환경 조정 중심이 될 때 아이의 뇌는 방해받지 않는 사고의 공간을 확보하게 된다. 결국 환경이 아이의 두뇌를 대신 코칭하는 셈이다.

아이들은 자신이 선택했다고 느낄 때 책임감이 생기고, 강요받았다고 느낄 때 변명할 이유를 찾는다. 즉 자기주도력은 책임감의 확장이다. 부모의 지시가 줄어들면 아이는 처음에는 혼란을 느끼지만 이내 '나의 결정이 나의 결과로 이어진다'라는 경험을 하게 된다. 이 순간 전전두엽의 자기통제 회로가 강화되고 자기효능감이 자라난다. 이것이 진짜 내면의 동기다.

기다림과 확인은 여전히 중요하지만 그 안에 감정의 조율이 더해져야 한다.

"오늘 네가 가장 오래 집중했던 시간은 언제야?"

이런 관찰 중심의 대화는 방어를 낮추고 자각을 높인다. 또는 매주 한 번, 백지노트나 교과 리딩 기록을 함께 본다. 단, 평가가 아니라 대화 중심이어야 한다. 매달 피드백을 갖는 루틴 또한 좋다.

"이번 달에는 어떤 방식이 제일 잘 맞았어?"

이러한 질문을 통해 아이가 자신의 학습 패턴을 언어화하게 한다. 이 과정에서 부모는 더 이상 감독자가 아니라 환경 조력자가 된다.

부모의 통제에서 벗어나는 순간 아이의 뇌는 스스로 성장한다

부모의 임무는 아이가 독립할 수 있도록 사랑과 신뢰의 기반을 마련하는 것이다. 즉 통제를 줄인다는 것은 사랑을 줄인다는 의미가 절대 아니다. 사랑의 방식이 지시에서 신뢰로 바뀌는 것이다.

아이의 자기주도력은 부모의 통제 안에서 자라지 않는다. 오히려 통제의 빈자리에서 자라난다. 그 빈자리는 결핍이 아니라 성장의 공간이다. 의지는 환경이 설계하고, 환경은 관계가 만든다. 부모가 통제를 내려놓을 때 아이는 '시키지 않아도 하는 사람'으로 자란다. 그것이 진짜 자기주도력의 완성이다.

어느 날 상담 자리에서 한 어머니가 울먹이며 말했다.

"저는 정말 매일 아이에게 '넌 잘할 수 있어'라고 말했어요. 그런데 어느 날 아이가 저한테 '엄마, 나 잘 못하면 나 안 좋아할 거지?'라고 묻더라고요."

그 말에 어머니는 무너졌다. 자신은 아이를 믿는다고 말했지만 아이의 귀에는 그것이 "실패하면 사랑받지 못한다"로 들렸던 것이다.

부모의 말은 조건문인 경우가 많다. 심리학자 카렌 호르나이는 "아이의 불안은 부모의 말 속에서 자란다"라고 했다. 아무리 따뜻한 말이라도 그 안에 조건이 숨어 있으면 아이의 마음은 긴장한다.

"넌 잘할 거야." (→ 잘하지 못하면?)

"엄마는 네가 최고야." (→ 언제까지?)

"열심히만 하면 다 돼." (→ 그럼 쉬면 안 돼?)

언어는 사랑의 그릇이기도 하지만 그 안에 담긴 의도는 금세 전달된다. 불안한 부모의 말에는 늘 조급함의 진동수가 실려 있다. 아이는 그 진동을 그대로 받아들인다.

불안의 언어는 통제를 전제로 하고, 신뢰의 언어는 탐색을 전제로 한다. 하나는 닫힌회로, 하나는 열린회로다. 즉 부모의 언어가 아이의 학습 회로를 직접 켜는 스위치가 되는 셈이다. "공부해!"라는 명령보다 "함께 생각해 보자"라는 한마디가 아이의 사고력과 자존감을 동시에 자극한다.

기다릴 줄 아는 부모

아이에게 필요한 건 성취의 연속이 아니라 스스로 일어설 수 있는 좌절의 경험이다. 부모가 불안을 내려놓는다는 것은 아이의 실패를 받아들일 준비를 하는 것이다. 실패하지 않게 만드는 부모는 결국 성장하지 못하게 만드는 부모다. 아이의 시행착오는 무능의 증거가 아니라 자기주도력의 씨앗이다. 부모의 언어가 "괜찮아, 해 보자"로 바뀌는 순간 그 씨앗이 뿌리를 내린다.

그냥 들어주는 것이 진짜 신뢰다. 아이들에게 무엇을 해 줘야 할지 고민하는 부모들에게 해 줄 수 있는 대답은 간단하다.

"아무것도 하지 마세요. 대신 그냥 들어주세요."

아이는 평가가 아니라 공감 속에서 자란다. 공감이란 "네가 그렇게 느꼈구나."라는 한마디를 건네는 것이다. 그 한 문장이 아이의 표정을 부드럽게 만들고 그제야 학습이 시작된다.

말이 바뀌면 관계가 바뀌고, 관계가 바뀌면 공부가 달라진다. 신뢰는 아이를 방치하는 것이 아니라 믿고 기다리는 기술이다. 기다림은 방임이 아니다. 기다림에는 관찰이 있고, 관찰에는 존중이 있다. 부모가 조용히 기다릴 줄 알면 아이는 자신을 조율할 수 있는 힘을 키운다. 그 힘이 바로 자기주도력의 근육이다.

입시 컨설턴트 아빠의 현명한 방관

중간고사 기간 중학생 딸이 가고 싶어 하는 아이돌 콘서트 티켓팅을 도와준 엄마에 관한 칼럼을 읽은 적이 있다. 반대로 시험 기간에 콘서트 간다고 하는 딸 때문에 너무 속상하다는 글도 본 적이 있다. 당신은 어느 쪽인가? 현장에서 만난 대부분의 엄마는 후자였다.

'강제로라도 앉혀 놔야 그나마 하는 척이라도 하지.'

이렇게 생각한다면 큰 오산이다.

"내 아이가 불안해하니 내가 대신 나서서 해 줘야 하지 않을까?"

"지금 당장은 이게 최선인 것 같은데 그냥 해 주는 게 더 빠르지 않을까?"

입시를 앞둔 부모라면 한 번쯤 이런 고민을 해 본 적 있을 것이다. 아이의 혼란이나 방황을 못 견디고 결국 부모가 나서서 해결해 주는 상황은 생각보다 많다. 하지만 아이의 불안과 부모의 불안은 다르다. 아이의 성장을 돕기 위해 진심으로 개입했더라도 때로는 그 개입이 아이의 자립을 방해하는 결정적 요인이 될 수 있다.

《미움받을 용기》에서 아들러 심리학이 제시하는 핵심 개념 중 하나가 바로 '과제 분리'이다. 이것은 '그 일은 누구의 과제인가?'라는 질문에서 시작한다.

"숙제를 안 해서 선생님께 혼나는 것은 누구의 과제일까?"

"시험공부를 미루다 결국 낮은 점수를 받는 것은 누구의 책임일까?"

그 결과를 직접 감당해야 할 사람의 과제라면 개입은 오히려 부적절하다. 아들러는 '타인의 과제에 개입하는 것은 그 사람의 성장을 방해하는 행위'라고 명확히 말했다. 부모가 아이의 과제를 대신 해결해 주는 것은 일시적인 문제 해결일 뿐 근본적인 해결책이 될 수 없다.

입시도 마찬가지다. 입시는 결국 아이의 인생에 관한 일이다. 부모가 대신 결정하고 대신 행동해 주는 것은 일시적인 불안을 해소할 수는 있어도 장기적으로는 아이의 주도성과 자율성을 약화하는 결과를 초래한다.

특히 중학교 시기는 자아가 형성되는 중요한 시기다. 이때 모든 학습과 진로 결정의 주체가 부모가 되면 아이는 스스로 책임지는 능력을 키우기 어렵다. 부모가 아이의 진로에 대해 책임져야 한다고 느끼는 이유는 대부분 불안에서 비롯된다. 진로를 확실히 하지 않으면 고등학교 선택이 어렵고, 대학 전공 선택도 막막할 것이라는 걱정이 앞서기 때문이다.

그러나 불안을 피하고 싶은 감정은 부모의 몫이지 아이의 성장 과정과는 다르다. 이럴 때 필요한 것이 바로 '현명한 방관'이다.

현명한 방관이란 무책임한 방임과는 다르다

방임은 무관심을 뜻하지만 방관은 감정을 조율하며 거리를 두는 태도다. 아이의 선택을 믿고 지켜보되 질문과 피드백을 통해 자기 성찰의 기회를 주는 방식이다.

"이걸 네가 결정해 봤으면 좋겠어"라는 말과 함께 아이에게 선택지를 주는 것, "왜 그렇게 생각했는지 들려줄래?"라고 물으며 스스로 이유를 돌아보게 하는 것, 정보를 직접 제공하기보다는 정보에 접근할 수 있는 방법을 안내하는 것, 이것이 바로 현명한 방관이다.

진로와 관련된 의사결정을 할 때도 마찬가지다. 어떤 진로가 유망한지, 어떤 전공이 적합할지에 대해 부모가 미리 조사하고 아이에게 방향을 제시하는 대신 아이 스스로 관심 있는 분야를 조사하도록 유도하는 것이다. 관심 주제와 연관된 책이나 영상 목록을 함께 찾아 주는 것은 가능하지만 무엇을 선택할지 결정하는 것은 철저히 아이의 몫으로 남겨두어야 한다. 스스로 선택한 것에 대해서는 더 큰 책임감과 몰입도를 보인다. 부모가 정해 준 길보다는 자신이 선택한 길에서 더 큰 성장이 일어난다.

입시 전략 역시 마찬가지다. 학생부를 어떻게 설계해야 할지, 어떤 활동을 기록으로 남길지, 어떤 방식으로 탐구를 확장할지에 대한 전체 설계는 부모가 아닌 아이의 몫이다. 부모는 다만 큰 틀에서 흐름을 이해하고 아이가 질문을 던졌을 때 답할 수 있을 정도로만 준비되어 있으면 된다.

아이의 과제를 부모가 대신하는 순간 아이는 책임에서 벗어나지고 동시에 성장의 기회를 잃는다. 반대로 자신의 선택으로 부딪히고 시행착오를 겪으며 그 과정에서 의미를 찾을 때 비로소 아이는 자신만의 길을 만들어간다. 입시는 그 길을 증명하는 하나의 과정일 뿐이다.

질문하는 부모

중학교 시기부터 부모는 아이의 과제에 개입하지 않는 훈련이 필요하다. 대신 '질문하는 부모'가 되어야 한다.

"왜 그걸 선택했니?"

"그걸 하면서 어땠어?"

"무엇을 더 알아보고 싶니?"

아이의 관심과 선택을 존중하면서도 자신을 스스로 돌아보게 만드는 질문은 아이의 자율성과 자기효능감을 키우는 데 매우 효과적이다.

입시는 부모의 과제가 아니다. 아이가 자기 삶의 방향을 정하고 그 방향에 맞춰 한 걸음씩 걸어가는 여정이다. 부모가 해야 할 일은 등 뒤에서 조용히 손전등을 비춰 주는 일이지 아이 대신 길을 걷는 것이 아니다. 입시 컨설턴트 아빠도 실천한, 가장 강력한 조력 전략은 바로 현명한 방관이었다.

수많은 아이의 입시를 설계하며 진로가 입시의 시작임을 누구보다 잘 알고 있었다. 그래서 내 딸들만큼은 실패 없이, 후회 없이 설계된 길을 걷게 해 주고 싶다는 유혹이 컸다. 하지만 가장 개입하고 싶은 내 아이에게는 오히려 '개입하지 않기'를 선택했다.

큰아이가 중학교 1학년이었을 때 "나 요즘 사회복지사에 관심이 있어."라고 말한 적 있다. 그 말을 듣는 순간 바로 책 목록을 추천해 줄 수도 있었고 관련 진로를 설명하며 고등학교 진학 방향까지 논의할 수도 있었다. 하지만 그렇게 하지 않았다. 대신 이렇게 말했다.

"멋지다. 왜 그런 생각이 들었어?"

"그러면 관련 영상이랑 책을 직접 찾아서 노트에 정리해 볼래?"

"그런 질문을 한 이유가 있을 텐데 그걸 먼저 써 보면 어때?"

딸은 질문노트를 만들기 시작했다. 읽고 싶은 책을 고르고 관련된 질문을 쓰고 조사한 내용을 정리하는 방식은 완벽하지 않았지만 꾸준했다.

"그 내용은 왜 너에게 흥미로웠던 걸까?"

"그걸 알아보고 나서 뭘 더 해 보고 싶었어?"

"그 질문을 계속 가지고 있으면 나중에 어떤 공부로 이어질 수 있을까?"

둘째에게도 같은 방식을 적용했다.

"나 웹툰 작가가 되고 싶어."라고 말했을 때 "그래? 그러면 요즘 어떤 작품이 제일 인상 깊었어?"라는 질문부터 시작했다. 단 한 번도 "그건 힘들어.", "현실적인 걸 생각해 보자."라고 말한 적이 없다.

그렇다고 해서 내가 무관심했던 건 아니다. 아이가 책을 고를 때 도와주었고 학교 과목 선택 시 진로와 연계되는 선택지가 무엇인지에 대해 설명도 해 주었다.

하지만 최종 결정을 내린 것은 언제나 아이다. 이 과정을 통해 아이는 자신이 주인이 되는 연습을 했고, 나는 부모로서 내가 빠져야 할 자리와 있어야 할 자리를 분명히 알게 되었다.

아이에 대한 믿음, 입시 전략의 출발점

입시를 설계하는 내 일이 아이에게 적용되지 않은 건 아니다. 다만 아이의 삶을 설계하는 것이 아니라 아이가 스스로 설계하도록 환경을 만든 것이다. 프로젝트 책임자이자 최종 의사결정자는 아이의 역할이고, 나는 옆에서 조율하고 질문하고 안내하는 사람으로 남았다.

그 결과 딸들은 스스로 동기 부여를 하고 기록을 남기며 선택을 조율하는 능력을 갖추기 시작했다. 아직 완성되지 않은 이 여정 속에서 나는 여전히 질문하는 부모로 남아 있다.

진정한 교육은 가르치는 것이 아니라 스스로 배울 수 있게 하는 것이다. 부모의 현명한 방관은 바로 이런 진정한 교육을 가능하게 한다. 질문을 던지고 그 질문의 여운을 아이의 마음에 남겨 두는 것, 정보를 던지는 것이 아니라 정보에 접근할 수 있는 방향을 아이가 찾게 해 주는 것, 아이를 믿고 기다려 주는 용기, 그것이야말로 진정한 입시 전략의 출발점이다.

단순히 내버려두는 것이 아니다. 아이의 성장을 믿고 그 성장이 일어날 수 있는 최적의 환경을 만들어 주는 적극적인 교육 철학이다. 부모가 모든 것을 해결해 주려는 유혹을 이겨내고 아이가 스스로 길을 찾아갈 수 있도록 돕는 것. 이것이 진정한 부모의 역할이자 아이의 미래를 위한 가장 큰 선물이다.

우리 아이를 읽어 주는
부모로 살아가기

사랑이라는 이름의 통제

때때로 입시 컨설턴트라는 직업의 한계를 절실히 느낀다. 아이의 공부를 돕고 진로를 함께 설계하는 일은 결국 사람의 마음을 다루는 일인데 이 사회는 그 마음의 무게를 너무 가볍게 여긴다. 아이를 한 인간으로 보지 않고 프로젝트, 투자 대상, 결과물로만 본다.

그동안 진심으로 성실했던 부모들을 많이 봤다. 등교부터 하교 그리고 학원 라이드 하면서 밤늦게까지 아이의 공부를 챙기며 좋은 부모가 되기 위해 자신을 희생했던 사람들이다. 하지만 그 헌신의 끝이 늘 아이의 행복으로 이어지지는 않았다.

"저는 정말 좋은 부모가 되고 싶었어요. 그런데 어느 날 보니까 아이가 제 눈치를 보고 있더라고요."

사랑은 분명 진심이었지만 그 사랑이 아이에게는 감시로 느껴진 것이다. 그리고 그 순간 그 부모도 울었다. 그 눈물 속에는 죄책감과 후회 그리고 "어디서부터 잘못된 걸까"라는 혼란이 섞여 있었다.

가까운 지인의 딸이 중간고사에서 전 과목 1등급을 받았다고 자랑한 적 있었다. 아이에게 진심으로 축하하고 고생했다고 전해 달라고 했더니 지인이 이렇게 말했다. 그 말에 깜짝 놀랐다.

"내가 매일 밤 학원에서 픽업해 오고 얼마나 공들였는데 그 정도는 해야지."

부모의 자식 사랑은 내리사랑이라고 하지만 요즘은 대가를 바라며 자식에게 사랑을 주는 부모가 많다. 자식이 느낄 정도로 대놓고 말이다.

아이 마음의 문장을 읽어 주는 부모

부모의 사랑은 선의로 시작하지만 그 선의가 방향을 잃으면 통제가 되고 그 통제가 길어지면 관계는 서서히 닫힌다. 아이를 사랑한다는 이유로 아이의 일기장을 대신 쓰고, 아이의 진로를 대신 결정하고, 아이의 감정을 대신 해석하려 한다. 그러나 정작 아이의 '마음의 문장'은 읽어 주지 않는다.

사랑은 가르침이 아니라 '읽음'이다. 아이를 이해한다는 것은 아이의 언어를 읽는 일이다. 아이가 "괜찮아."라고 말할 때 목소리의 떨림 속에서 정말 괜찮은지 느낄 수 있는 부모, 아이가 "귀찮아."라고 말할 때 그 속에 숨어 있는 "나 좀 봐 줘."를 알아채는 부모. 그 부모가 진짜 '읽는 부모'다.

아이의 표정 하나, 눈빛 하나를 읽어 주는 순간 그때 아이는 자신을 포기하지 않는다. 이해받는 경험은 아이의 자존감을 다시 세운다.

진짜 부모의 사랑은 '문장 사이의 공백'을 읽는 것이다. 책을 읽을 때도 가장 깊은 울림은 문장이 아니라 여백에서 온다. 아이의 인생도 그렇다. 아이가 멈추어 있는 시간, 아무 말 하지 않는 시간, 그 침묵의 여백 속에 아이의 진심이 숨어 있다.

그 공백을 견디지 못하고 말을 덧붙이는 순간 부모는 아이의 내면을 덮어 버린다. 아이의 공백을 두려워하지 말자. 그 공백은 성장의 공간이고 부모의 침묵은 아이에게 생각할 권리를 준다.

공감은 가르침보다 깊고 오래 남는다

결국 부모가 아이를 읽는 순간 아이도 세상을 읽는다. 부모가 아이의 마음을 읽는 법을 배우면 아이는 타인의 마음을 읽는 법을 배운다. 그것이 공감력이고 관계력이며 이 시대가 진짜 요구하는 인재의 핵심 역량이다.

입시에서 강조하는 융합적 사고력도 결국은 타인을 이해하는 감수성에서 시작된다. 그 감수성은 교과서가 아니라 부모의 눈빛에서 배운다. 사랑에는 점수가 없고 관계에는 정답이 없다. 입시는 점수로 나뉘지만 인생은 문장으로 이어진다. 그 문장은 부모가 써 주는 게 아니라 아이 스스로 써 내려가야 할 이야기다.

부모의 역할은 그 문장을 대신 써 주는 것이 아니라 그 문장이 어디로 향하는지를 조용히 읽어 주는 것이다.

나는 지금도 많은 부모에게 이렇게 말한다.

"아이를 바꾸려 하지 말고 아이를 읽어 주세요."

읽는다는 것은 이해하려는 노력이고, 이해하려는 노력은 결국 사랑의 다른 이름이다. 사랑의 끝은 조언이 아니라 '존중'이다. 부모가 아이를 존중하는 순간 아이도 자신을 존중하기 시작한다. 그때부터 공부는 경쟁이 아니라 성장이 되고 입시는 목적이 아니라 과정이 된다.

존중은 사랑의 완성형이다. 존중이 빠진 사랑은 결국 불안이 된다. 존중이 깃든 사랑만이 아이를 자기 인생의 주인으로 세운다. 아이를 읽어 주는 부모는 아이의 성적보다 아이의 표정을 먼저 본다. 그 표정 하나를 읽어 주는 순간 아이는 세상을 믿기 시작한다.

"나는 오늘, 내 아이를 읽어 주었는가."

그 질문 하나면 충분하다. 그 질문이야말로 부모의 마음이 아이의 인생을 구하는 가장 강력한 문장이다.

구분	점검 항목	체크
1. 공부 개입 영역 - 내가 아니면 불안하다	아이의 공부 계획을 세워 주는 건 나다.	
	아이가 공부하는 모습을 보면 안심이 되고 쉬고 있으면 불안하다.	
	"지금 공부해야 할 시간 아니야?"라는 말을 하루에 한 번 이상한다.	
	아이의 공부 방법이 마음에 안 들면 즉시 지적한다.	
	아이가 계획한 공부 순서를 '비효율적'이라며 수정해 준다.	
	아이가 성적이 떨어지면 나의 불안부터 먼저 올라온다.	
	학원 선택이나 과목 결정은 거의 내가 주도한다.	
2. 감정 개입 영역 - 사랑이 감시로 바뀔 때	아이의 표정이 안 좋아 보이면 '또 공부 문제 때문인가?'라고 먼저 생각한다.	
	성적 얘기를 하지 않으려 해도 대화의 끝은 늘 성적으로 끝난다.	
	아이가 불안할 때 함께 기다리기보다 조언을 먼저 한다.	
	아이가 실패하면 "그래서 내가 뭐랬니?"라는 말을 한 적이 있다.	
	아이가 힘들다고 하면 "지금은 버텨야 할 때야"라고 위로 대신 다그친다.	
	아이가 혼자 있고 싶다고 하면 '왜 나를 피하냐'는 생각이 든다.	
3. 진로 개입 영역 - 아이의 길을 내가 정해 준다	아이의 진로가 '현실적으로 불가능하다'고 생각되면 말로 바로 제지한다.	
	내가 생각하는 '괜찮은 직업군' 안에서만 진로를 권한다.	
	"너한테 어울리는 건 이거야"라는 말을 자주 한다.	
	진로 탐색보다는 안정적인 대학 진학이 더 중요하다고 느낀다.	
	아이가 전공이나 직업을 말하면 수익이나 취업률부터 검색한다.	
	아이가 "모르겠어"라고 하면 불안해서 대신 결정을 내려 준다.	

4. 비교·통제 영역
- 사랑의 언어가
  비교로 바뀌는
  순간
	"너보다 ○○는 훨씬 열심히 하더라"라는 말을 한 적이 있다.	

	아이의 노력보다 결과를 먼저 평가한다.	
	'우리 아이가 남들보다 뒤처질까 봐'라는 생각을 자주 한다.	
	다른 부모와 대화 중 아이의 성적 이야기가 자연스럽게 나온다.	
	아이의 시험 결과에 따라 내 기분이 크게 좌우된다.	
	"이 정도는 해야지"라는 기준을 자주 말한다.	

구분	점검 항목	체크
5. 신뢰·자율 영역 - 진짜 자기주도는 신뢰에서 시작된다	아이가 스스로 선택한 결정에 대해 "그래, 한번 해 봐"라고 말한 적이 드물다.	
	아이가 공부하지 않는 시간에도 의미가 있을 수 있다고 생각하지 않는다.	
	아이가 실패를 경험하도록 일부러 기다려 본 적이 없다.	
	내 기준에서 비효율적이라 보이는 학습도 아이에게 맡겨 본 적이 없다.	
	'그래도 내 통제가 없으면 무너질 거야'라는 생각이 든다.	
	아이의 성장을 신뢰보다 통제로 유지하려 했던 순간이 있다.	

● 결과 해석표

체크 개수	유형	해석 및 조언
25개 이상	과열형 통제자	아이의 자기주도력은 부모의 불안과 함께 묶여 있다. 지금 필요한 건 개입이 아니라 '거리두기'. 아이가 실패하더라도 끝까지 경험하도록 신뢰를 회복해야 한다.
15~24개	과잉 개입형 코치	아이를 도와주려는 의도가 강하지만 실제로는 방향을 빼앗고 있다. 조언보다 질문을 늘려야 한다. "어떻게 해 볼까?"가 최고의 코칭 문장이다.
8~14개	균형형 지원자	개입과 신뢰의 균형이 비교적 안정적이다. 다만, 불안한 순간이 오면 다시 통제로 돌아갈 수 있으므로 '기다림의 훈련'을 꾸준히 실천해야 한다.
0~7개	성장형 동반자	아이의 학습과 인생을 신뢰하며 자기주도적 성장의 동반자가 되어 주고 있다. 조용히 응원하고 묵묵히 지켜보는 힘이 가장 큰 성장의 발판이다.

이 체크리스트는 아이를 바꾸는 게 아니라 나를 비추는 거울이다. 점수가 높다고 해서 나쁜 부모가 아니라 그만큼 아이를 향한 사랑이 뜨겁다는 뜻이다. 다만 그 사랑이 불안에서 비롯된 통제인지, 신뢰에서 비롯된 기다림인지를 돌아보는 것이 핵심이다.

하기실음 관두등가
(河己失音 官頭登可)

'하기실음 관두등가(河己失音 官頭登可)'

'물 흐르듯 아무 소리 없이 열심히 하면 높은 자리에 오를 수 있다'라는 뜻이다. 10여 년 전 우연히 인터넷에서 이 문구를 발견하고 크게 웃었던 기억이 난다. 웃긴 했지만 바로 당시 운영하던 학원의 원훈으로 삼고 배너를 제작하여 학원 입구에 세워 두었다.

너무 멋진 말이지 않은가? 깊이 생각해 보면 묵묵히 열심히 할 수 있다는 것은 자발적이지 않으면 불가능한 일이다. 자발적인 행위를 할 수 있다는 것은 안정적인 환경에서 생성되는 건전한 뇌의 작용이다.

아들을 서울대에 보낸 유명 배우의 집안 환경을 영상으로 본 적이 있다. 첫째가 집에 들어오는 순간 아빠, 엄마, 동생이 서로 먼저 인사하려는 모습이 인상적이었다. 인사 방식은 진한 포옹이었다. 아침에 기상하면 가족 모두가 서로 포옹하는 모습도 너무 보기 좋았다.

우리 가족의 모습과 비슷했다. 나는 집에 들어갈 때 주차하면서부터 행복해진다. 도어락 누르는 소리가 나면 두 딸이 현관 쪽으로 달려온다. 문을 열리자마자 딸들이 안기며 내 볼에 뽀뽀해 준다. 건조하게 "다녀오셨어요."라고 인사했던 나의 학창 시절과는 완전 대조적인 모습이다. 취침 전에도 모든 가족이 굿나잇 뽀뽀를 나눈다. 아침에 일어나서 거실에서 만나면 또 똑같이 한다. 참고로 아침 기상 전쟁은 없다. 학기 중 평일에는 모두가 스스로 정확히 7시에 일어나 방에서 나온다.

등교할 때나 외출 후 집에 들어올 때도 예외는 없다. 숙제는 했는지, 왜 휴대전화를 보고 있는지, 공부를 얼마나 했는지 등의 잔소리는 일절 없다. 아직 학원을 한 번도 다녀 본 적이 없고 모든 걸 스스로 한다. 학교 내신 시험공부도 알아서 한다. 우리 부부는 어려워하는 부분이 있으면 질문받고 도와줄 뿐이다.

지난 시험에서는 한문 지필평가가 있었는데 한자 성어를 엄마와 스토리텔링 하듯이 공부하는 것을 보았다. 음악 지필평가 준비는 가족 모두가 퀴즈 형식으로 함께하기도 했다. 시험 결과는 만점이었다. 시험공부 자체에 대한 부담이 없어 보이진 않지만 그 자체도 즐기고 있는 모습이다.

이런 이야기를 하면 사람들이 많이 물어본다.

"도대체 어떻게 하면 그럴 수 있어요?"

내 대답은 항상 똑같다.

"아무것도 하지 않으면 이렇게 돼요."

아무것도 하지 않는다고 아무 일도 일어나지 않는 것은 아니다. 아무것도 하지 않을 때 아이들에게 놀라운 변화가 일어난다.

부모는 늘 조급하다. 지금 이 순간에도 아이가 뒤처질까 봐, 중요한 것을 놓칠까 봐, 남들보다 늦을까 봐 걱정이 앞선다. 하지만 그 불안한 시선 뒤에서 당신의 아이는 조용히 자라고 있다. 눈에 보이지 않아도 아이는 자라는 중이다. 성적표로 측정되지 않는 곳에서 이해하고 느끼고 견디는 법을 배우며 자란다.

입시의 본질은 경쟁이 아니라 성장이다. 그리고 그 성장은 아이 혼자 이루어 내는 것이 아니다. 부모가 불안을 내려놓는 그 순간 아이는 비로소 자신의 속도로 걷기 시작한다. 부모의 한마디, 한숨, 표정이 아이의 하루를 바꾸고 그 하루들이 모여 아이의 인생을 만든다.

"공부 잘하는 아이보다 자신을 믿는 아이로 키우고 싶습니다."

이 한 문장을 마음속에 새길 수 있다면 이미 변화를 시작한 것이다. 아이의 삶은 부모의 계획이 아니라 부모의 믿음의 온도로 자란다. 조급함 대신 기다림으로, 지시 대신 질문으로, 비판 대신 공감으로 아이를 바라보자. 그렇게 오늘 하루 아이의 눈을 한 번 더 바라봐 준다면 그 시선 하나가 아이의 미래를 바꿀 것이다. 아이는 여전히 자라고 있다. 당신이 조용히 믿어 주는 그 시간 속에서 말이다.

나는 오랫동안 수많은 학생과 학부모를 만났다. 누군가는 꿈을 향해 달리고 있었고 누군가는 그 꿈이 정말 자신의 것인지조차 모르고 있었다. 입시 컨설턴트라는 이름으로 수많은 길 위에 서 있었지만 사실 나는 늘 한 가지 질문을 품고 있었다.

"공부의 끝에 진짜 행복이 있는가?"

그 질문은 수많은 합격의 순간에도 사라지지 않았다. 서울대, 의대, 명문대. 그 이름들이 아이의 미래를 지켜 주는 것은 아니었다. 합격 후 눈물로 나를 찾아온 아이들 그리고 "그렇게 열심히 했는데 왜 행복하지 않냐"라는 부모들의 질문 앞에서 나는 깨달았다. 아이의 인생을 바꾸는 것은 전략이 아니라 방향이었다.

이 책은 입시 지침서가 아니다. 나는 부모에게 방법을 가르치려한 게 아니라 부모의 마음을 다시 '아이의 속도'로 돌려놓고 싶었다. 우리 사회는 너무 빨리 돌아간다. 그리고 너무 늦게 돌아본다. 그 사이에 아이는 서서히 자신을 잃는다. 그 아이를 다시 세우는 것은 거창한 교육철학이 아니라 오늘 하루 저녁, 부모의 한마디다.

"괜찮아. 네가 행복하면 그걸로 됐어."

이 한 문장이 그 어떤 입시 전략보다 강력하다. 이 말이 가진 힘을 나는 수많은 현장에서 보았다. 그 한 문장이 부모의 불안을 멈추고 아이의 자존감을 회복시킨다. 아이의 돌잔치에서 사회자가 시켰던 덕담 한마디를 기억하는가?

"건강하고 행복하게만 자라다오."

표현은 달라도 마음은 같았을 것이다. 그런데 아이가 자라면서 왜 그토록 바라는 점이 많아졌을까?

나는 이 책이 부모에게 '공부의 방법'을 알려 주기보다 '공부의 이유'를 다시 생각하게 하기를 바란다. 아이의 진짜 성공은 입시를 통과하는 것이 아니라 자기 인생의 의미를 찾는 것이기 때문이다. 아이가 길을 잃었을 때 부모가 먼저 불빛이 되어 주기를 바란다. 그 빛은 말이 아니라 기다림과 신뢰의 온도에서 자란다. 그 믿음 하나면 충분하다. 아이의 길은 여전히 이어지고 있고 그 길 위에는 언제나 부모의 사랑이 남아 있다.

길을 잃는 건 결코 나쁜 일이 아니다. 길을 잃는 순간 비로소 멈추고 생각하고 다시 걷는다. 부모가 해야 할 일은 아이를 끌고 가는 게 아니라 그 멈춤의 순간에 함께 서 주는 것이다. 그 시간 속에서 아이는 자신만의 나침반을 만든다. 입시는 길의 일부일 뿐 인생의 전부가 아니다. 아이가 길을 잃을 때 부모가 흔들리지 말아야 한다. 그 흔들림 없는 믿음이 아이의 다음 걸음을 만든다.

이 책은 입시의 끝에서 다시 사람을 이야기하고 싶었던 한 컨설턴트의 고백이자 모든 부모에게 보내는 조용한 응원이다. 오늘도 아이는 자라고 있다. 그 아이를 바라보는 당신의 마음이 그 성장의 방향이 된다. 그 과정을 만들어 가는 여정이 지치고 힘들 수도 있다. 그러나 사랑하는 아이와 함께라면 그 힘든 여정을 묵묵히 버텨 낼 수 있지 않겠는가.

불안보다 사랑으로, 점수보다 방향으로, 아이의 인생을 함께 걸어가려는 모든 부모에게 이 책을 바친다. 이 책이 당신의 발걸음을 잠시 멈추게 하고 그 멈춤 속에서 아이의 진짜 목소리를 다시 들을 수 있기를 바란다.

마지막으로 나를 착한 아빠로 성장시킨 두 딸과 묵묵히 가정을 지켜 주는 사랑하는 아내에게 감사 인사를 전한다.